CONFÉRENCES
SUR LE TIR

A L'USAGE

DES ARMÉES DE TERRE ET DE MER,

PAR

UN CAPITAINE INSTRUCTEUR DE TIR

AVEC HUIT PLANCHES

PARIS
LIBRAIRIE MILITAIRE, MARITIME ET POLYTECHNIQUE
J. CORRÉARD
Libraire-éditeur, et libraire-commissionnaire,
RUE SAINT-ANDRÉ-DES-ARTS, 58.

1859

CONFÉRENCES

SUR LE TIR

Argenteuil. — Typ. Worms et Cie.

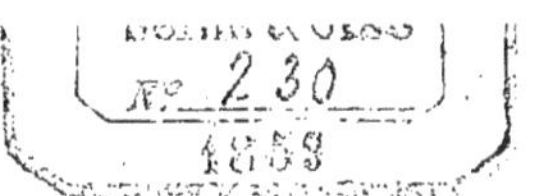

CONFÉRENCES
SUR LE TIR

A L'USAGE

DES ARMÉES DE TERRE ET DE MER

PAR

UN CAPITAINE INSTRUCTEUR DE TIR

AVEC HUIT PLANCHES.

PARIS
LIBRAIRIE MILITAIRE, MARITIME ET POLYTECHNIQUE
J. CORRÉARD
Libraire-éditeur, et libraire-commissionnaire,
RUE SAINT-ANDRÉ-DES-ARTS, 58.

1859

CONFÉRENCES SUR LE TIR

A L'USAGE DES ARMÉES DE TERRE ET DE MER,

par

UN CAPITAINE INSTRUCTEUR DE TIR.

Avant-Propos.

Toutes les années on fait, dans les régiments d'infanterie, des conférences et des cours sur le tir dont rien ne reste à la mémoire faute d'un ouvrage simple sur lequel on puisse se baser pour repasser en un clin-d'œil les matières exposées.

Nous croyons pouvoir combler cette lacune en publiant ce questionnaire remémoratif.

Les faits développés jusqu'à ce jour sont *invariablement* acquis à la pratique comme à la science du tir. Il n'y aura désormais qu'à y ajouter d'année en année les découvertes et les remarques qui se produiront.

J. CORRÉARD, éditeur.

PREMIÈRE LEÇON.

Conditions générales et essentielles du fusil d'infanterie.

Le fusil d'infanterie, tel qu'il a été établi, sert généralement de base pour la construction des autres armes à feu portatives dont les dimensions, quoique plus réduites, lui sont cependant proportionnelles.

Le fusil doit être considéré dans son emploi sous deux rapports.

1° Comme arme à *feu* ou de *jet* pour atteindre l'ennemi à distance; c'est là l'objet du *tir*.

2° Comme *arme de main* ou *arme blanche* pour combattre l'ennemi *corps à corps*; c'est là l'objet de *l'escrime* à la *baïonnette*.

Pour le *tir*, le fusil ne doit être ni *trop long* ni *trop court*. *Trop long*, le chargement en serait difficile dans le rang, *trop court*; le canon du 2me rang ne déborderait pas assez le 1er rang, surtout lorsque les hommes ont, outre l'outillement de campagne, pour plusieurs jours de vivres dans le sac, ce qui arrive assez souvent dans les marches en présence de l'ennemi. Pour l'*arme blanche*, le fusil ne doit être ni *trop lourd* ni *trop léger*.

Trop lourd, il serait d'un *transport* fatiguant et d'un *maniement* difficile.

Trop léger, il ne présenterait pas assez de *solidité* et la *force-vive* $\frac{MV^2}{2}$ ne donnerait pas assez de pénétration à la baïonnette.

L'assemblage de toutes les parties doit présenter, outre la facilité du *démontage* et du *remontage* par tous les temps, la *solidité* nécessaire pour résister aux *accidents* ordinaires et multiples résultant d'un usage pour ainsi dire incessant.

Pour que le *maniement* de l'arme soit facile et rapide, il faut que le *centre de gravité* soit placé à peu près à l'endroit où se porte la main pour *soulever* le fusil et où se place également la main gauche lorsqu'elle soutient l'arme dans la position de joue; aucune arête vive ne doit blesser les mains dans les mouvements rapides évalués d'après *l'école du soldat* à $\frac{1}{90}$ de 1'.

L'arme dans son *ensemble* comprend trois parties: pl. I, fig. 1. La *couche*, le *canon*, la *baïonnette*.

La longueur de la couche est *invariable*, elle est basée sur la *taille moyenne* de l'homme pour la commodité du *tir*.

Tout en conservant la *longueur d'ensemble invariable*, le canon peut être *raccourci* et la baïonnette *allongée* d'autant et *vice-versâ*.

Divisions principales.

Dans son analyse le fusil comprend six parties : 1° Le *canon*, 2° la *baïonnette*, 3° la *platine*, 4° la *baguette*, 5° la *monture*, 6° les *garnitures*; plus une 7me en dehors de l'arme, comprenant les *accessoires* et les *munitions*.

1° Le canon, fig. 2.

Reçoit la charge et donne une direction à la balle... Il comprend deux parties : le *canon* proprement dit et le *bouton de culasse* vissé dans le tonnerre.

Le fer doit être résistant surtout vers la partie renforcée et à *pans* du *tonnerre*, là où l'expansion des gaz réagit et imprime au mobile, partant de l'état d'inertie, une vitesse extraordinaire.

On distingue dans le canon 1° *à l'intérieur* : *l'âme* ou vide cylindrique au calibre ou diamètre de 18 millim. Les 4 rayures uniformes, au *pas* de 2 mètres, tournaut de *gauche* à *droite*. Le pas de vis servant d'écrou au bouton de culasse et la bouche; 2° à l'*extérieur*, la surface est concentrique à l'ame, sauf vers la partie à pans du tonnerre; 3° les pans du tonnerre, la *masselotte* contenant le canal de la lumière et dans laquelle se visse la cheminée (1). Le *guidon* et le tenon servant à fixer la baïonnette.

Le diamètre extérieur du tonnerre est de $0^{m},032$, ce qui donne 7^{mm} d'épaisseur à cette partie du canon.

(1) La cheminée (fig. 4), tronc-conique, porte un chanfrein sur lequel le choc du canon brise le vernis du fond de la capsule et la fait éclater. La capsule dite à chapeau a 6 fentes qui l'empêchent de se briser par morceaux, et la font tenir en même temps sur la cheminée. La tête du chien (fig. 5) a un évidement concentrique pour retenir la capsule après le coup parti.

Le diamètre extérieur à la bouche est de 0m,02104, ce qui donne 1mm 52 d'épaisseur vers cette partie.

Le bouton de culasse, fig. 3.

Le *bouton de culasse* (fig. 3) ferme le canon vers cette base; la *queue* porte un trou fraisé qui sert, par la vis de culasse, à le relier à la monture. La hausse fixe, élevée de 11 mill. au-dessus du pan supérieur du tonnerre, a été forgée avec la culasse, pour 7 millimètres, et un morceau a été ajusté pour l'élever à 11 millim.

La baïonnette, fig. 6.

2° La *baïonnette* (fig. 6) fait du fusil une arme de main. Elle comprend trois parties : la *lame*, en acier trempé, forme triangulaire évidée ou à gouttières, dont la direction prolongée doit correspondre à la poignée du fusil, centre ou point d'application de la résistance — Le *coude* en fer, arrondi, et la *douille* en fer aussi. La *douille* est fixée au bout du canon au moyen de *trois fentes* ou rainures, dont deux horizontales et une verticale. Elle porte une bague serrée par une vis.

DEUXIÈME LEÇON.

3° La platine? « Figure 7. »

C'est le mécanisme qui produit la communication du feu à la charge par la *percussion* du *chien* sur la cheminée; — l'écrasement de la capsule donne l'inflammation à la poudre par le canal de la cheminée; de là l'expansion presque instantanée des gaz dont la force élastique, se détendant comme l'action d'un ressort, pousse la balle en dehors du canon dans une direction visée, d'après une distance *appréciée*.

On distingue dans la platine, le *corps de platine* et les pièces distinctes du mécanisme.

Le corps de platine? « Fig. 8. »

Contient toutes les pièces de la platine ; le chien seulement est placé extérieurement sur son pivot qui est l'arbre, à *six pans* de la *noix*. — Toutes les autres pièces ont été rassemblées et fixées intérieurement ; elles sont en outre logées dans le bois pour être préservées de l'humidité, de l'air, de la poussière, des accidents extérieurs et aussi pour ne point blesser les mains dans le maniement de l'arme.

Le *corps de platine* doit contenir toutes les pièces et doit être assez restreint pour ne point affaiblir le bois de la monture vers la *poignée*, centre de résistance, où il est logé.

La noix? « Fig. 9. »

Porte *deux crans*, une *surbande*, une griffe et deux trous où vient se placer le pivot de la chaînette. — Elle est fixée au corps de platine par son arbre à six pans dans lequel se visse du côté opposé la vis du chien, maintenant le chien.

La bride de noix? « Fig. 10. »

Maintient la *noix* au moyen de deux vis, l'arbre de la noix y aboutit par un pivot. — Un deuxième pivot maintient la gachette.

La gachette? « Fig. 11. »

Fixée sur son pivot est maintenue par la bride de noix ; elle engage son bec dans les crans de la noix et joue, par rapport à la noix et au chien, le rôle du *pied de chèvre* dans la roue à rochet. — La gachette a en outre un levier coudé dont le bras s'engage dans l'intérieur du bois pour être mû par la pression que le tireur exerce sur la détente.

Le ressort ? « Fig. 12. »

A deux branches, la *grande* est liée à la chaînette par une griffe ; la *petite* maintient le bec de la gachette serré contre le cran de la noix.

La chaînette ? « Fig. 13. »

A deux pivots qui lui font relier, par des griffes, la noix à la grande branche du ressort.

Départ ou action du mécanisme ?

Le chien étant armé ou au cran du bandé, le tireur pressant sur la détente agit sur la queue de la gachette, comme bras de levier, et dégage le bec de cette gachette du cran de la noix. — Le ressort se détend ainsi que la chaî· et sa force élastique pousse avec force la noix

(*) Ce simple questionnaire remémoratif ne comporte point la description complète de toutes les pièces ; il suffit de représenter rapidement leur objet.

et le chien fixés sur un même arbre, le chien s'abat sur la cheminée et écrase la capsule qui communique le feu à la charge.

4° La baguette? « Fig. 14. »

Sert pour bourrer, décharger l'arme ou la nettoyer. Le *gros bout* est à tête plate dite à *clou* de 16^{mm} de diamètre. Elle est faite ainsi, au lieu d'être en tête de poire, pour arriver à bourrer plus concentriquement sur le *méplat* de la balle actuelle. — Le *petit bout* est taraudé pour recevoir le *tire-balle*. La *tige* est en acier trempé et *revenu*. La baguette étant dans l'intérieur du canon, la partie taraudée doit ressortir tout entière pour que les filets ne dégradent point la bouche. — Elle est logée à poste fixe dans la monture et le gros bout ne doit point dépasser la bouche pour ne point gêner le chargement.

La *baguette* doit être droite pour pouvoir glisser facilement dans son canal ménagé dans le bois de la monture. Elle est retenue dans le bois par un ressort en feuille de sauge.

5° La monture ou le bois? « Fig. 15. »

Comprend deux parties formant une seule pièce : le *fût* et la *couche*. Le *fût* reçoit le canon, la baguette et les ressorts de garniture. — La *couche* reçoit la queue de culasse et la vis de culasse; la platine, les deux vis de platine, dont l'une à bois, est fixe et dont l'autre la, grande vis a pour écrou la *rosette* également logée dans le bois à la place de l'ancienne contre-platine. — La couche reçoit encore la queue de la détente, la goupille du battant de sous-garde, les vis à bois de l'écusson et l'écusson, la plaque de couche et ses deux vis à bois. Il doit se trouver entre les pièces encastrées et le bois un peu de jour pour éviter les éclats que produiraient les chocs du fer contre le bois.

La *couche* comprend en outre la *poignée* et la *crosse*. Les fibres du bois doivent être dans le sens de la longueur surtout vers la poignée. La meilleure essence est le bois de *noyer*, parfaitement sec et en dehors de tout travail ultérieur ; les sels et matières hétérogènes en sont dégagés par les opérations du passage par la vapeur.

6° Les garnitures? « Planches 11. »

Les trois boucles et les ressorts servant à les maintenir : le ressort de baguette, l'écusson et ses pièces et la plaque de couche.

Les trois boucles et la vis de queue de culasse fixent le canon au fût, ce sont : la capucine, la grenadière et l'embouchoir. — Les trois boucles doivent bien reposer sur leurs embases ; l'anneau de la grenadière porte une marque pointée pour indiquer le dessus. — Les *ressorts* ont leurs goupilles *noyées* dans le bois ; il en est de même du ressort de la baguette en forme de feuille de sauge.

L'*anneau* de la grenadière et celui du battant de sous-garde servent à fixer la bretelle.

La *goupille* du battant de sous-garde, également noyée dans le bois, vient aboutir sous la rosette et a un creux où peut s'engager, sans glisser, le chasse-goupille.

L'*écusson* porte le *pontet* qui sauvegarde la

détente. La détente a son levier arqué, elle doit parfaitement *rôder* pour ne point surprendre le *tireur* qui appuie dessus et doit faire partir le coup sans déranger la ligne de mire.

La *rosette* ou porte-vis sert d'écrou à la grande vis de platine traversant le bois.

La *plaque de couche* sert à préserver et à conserver la crosse.

7° Accessoires et munitions.

Les *accessoires* comprennent ceux qu'on laisse aux chefs d'escouade : montes-ressorts et clefs de cheminée, et ceux qui sont renfermés dans le *nécessaire d'armes*, plus le *tire-balle*.

Les *munitions* sont fournies par l'artillerie; elles sont par paquets de six cartouches, renfermant huit capsules. Elles doivent être faciles à confectionner en tous lieux, et par tout le monde; leur transport doit être facile, sans nuire à leur conservation. Le poids de la cartouche est de 36 gr. 5, dont 32 gr. pour la balle et 4 gr. 5 pour la poudre.

TROISIÈME LEÇON.

Historique succinct des armes à feu portatives.

L'introduction des armes à feu remonte au XIVe siècle. L'appareil primitif se composait d'une *boîte* pour recevoir la charge, et d'un tube en fer ou *volée* pour donner une direction au projectile. L'assemblage se faisait au moyen d'anneaux et de coins en fer. Le tir avait lieu sur tréteaux ou chevalets. Le taraudage de la boîte dans la volée, d'où vient la *culasse*, donna l'arme à feu appelée *serpentine*. L'adoption d'un *fût* en bois amena l'*arquebuse*. L'arquebuse était soutenue en avant par une fourchette en fer plantée en terre qui lui fit donner le nom d'*arquebuse à croc*. D'autres armes à feu plus lourdes, reposant sur des tourillons, prirent le nom de *couleuvrines*.

Vers 1459, le *fût* appuyé contre le *plastron* de la cuirasse fit donner à l'arme le nom de *pétrinal*. En 1527, les Espagnols supprimèrent la fourchette, et l'arme, appuyée à l'épaule, prit le nom de *mousquet*. Une arquebuse tirée à bras, pour les cavaliers, avait été inventée à Pistoie (Italie); de là vient le nom de *pistolets*.

La proportion des armes à feu, dans les armées, était de 1/3 sous Fraçois Ier, 1/2 sous la Ligue et 2/3 à la fin du XVIIe siècle.

En 1642, adoption de la *baïonnette* (inventée à Bayonne) comme *lame droite* introduite à la bouche du canon, sur un manche en bois. En 1681, creusement de la douille et de la lame, *baïonnette coudée*; en 1689, le *fusil* fait rejeter le mousquet. 1693, sous *Catinat*, en Piémont, la victoire de la Marsaille est déterminée par une charge de vingt bataillons à la baïonnette. Ce fut le premier essai de cette arme de main. Plus tard, ce genre d'attaque a pris en Europe le nom d'attaque à la Française. En 1703, l'admission du fusil est généralisée.

La formation de l'infanterie sur *six rangs* est réduite à *quatre* ; les *deux rangs* de *piquiers* pour résister au choc de la cavalerie disparaissent des armées françaises.

Modes de chargement.

L'arme comprenait la *boîte* et la *volée*, chacune de ces pièces avait son chargement distinct avant l'assemblage. — La *cartouche* et la *giberne*, importées en 1630 par les soldats de Gustave-Adolphe, furent adoptées en France vers 1644.

Communication du feu.

Eut lieu. 1° Par une traînée de poudre; 2° Au moyen de la platine à *serpentin* par le *contact* d'une mèche enflammée; 3° Par *friction* au moyen de la *platine à rouet* inventée à Nuremberg vers 1517 (à peu près à l'époque des montres dites *ognons de Nuremberg*); 4° Par la platine à *Miquelet*, choc de la *pyrite* (alliage d'antimoine et de fer); 5° Par la platine à *silex* dans laquelle la *pierre à feu* ou *silex* remplaça la *pyrite*.

Définitions des mots *modèle et système*.

L'adoption de la baïonnette et de la platine à silex constituèrent le fusil. Depuis, divers systèmes et modèles apportant des améliorations progressives ont conduit au fusil actuellement en usage.

Un système est l'ensemble des dispositions adoptées à certaines époques pour la construction des armes. *Un modèle* est une arme à feu particulière, dérivant d'un système et destiné aux troupes de telle ou telle arme. — Le système et le modèle peuvent porter le même millésime, ou bien en différer; ainsi le mousqueton de gendarmerie donné aux sapeurs et aux clairons de l'infanterie, est du *système* 1822, *modèle* 1825.

Divers systèmes et modèles, 1746, 1777, an IX ou 1801, 1816, 1822.

Le plus ancien modèle type de fusil remonte à 1746, le canon était à huit pans et avait 1m,19 de longueur. Vient ensuite le modèle 1777; à l'époque des guerres de la révolution, on fit des armes de toute espèce, parmi lesquelles il était difficile de reconnaître aucun modèle type. En l'an IX (1801), le Premier Consul ordonna une refonte générale de toutes les armes à feu. C'est avec les armes de l'an IX qu'ont été faites toutes les campagnes du premier Empire. Le fusil de l'an IX donnait 92 ratés sur 900 coups. Les études faites en 1816 amenèrent un modèle de ce millésime donnant une raté sur 25 coups. Le fusil modèle 1816 a amené le remaniement général qui a donné lieu au système 1822, système remplissant parfaitement le but des armes à feu portatives pour l'infanterie, comme arme de jet et arme de main quant à la *longueur* totale et au *poids* total.

Le système de 1822 a subi de nombreuses modifications inhérentes aux découvertes de la platine à percussion et à chaînette et à l'armement rayé; ce dernier armement a été adopté par décret impérial du 26 avril 1857.

Les fusils à pierre resteront encore en usage pour l'armement des corps civiques, les gardes nationales et les sapeurs-pompiers.

QUATRIÈME LEÇON.

ÉTUDE DU FUSIL A PERCUSSION.

Inconvénients du fusil à pierre.

Les principaux étaient : l'encrassement de la *lumière;* le choc du chien contre la batterie, n'enflammait pas toujours l'amorce qui pouvait être humide, il se produisait des *ratés*; à la suite des longs feux la ligne de mire n'était plus maintenue sur le but. Le *bassinet* et le couvre bassinet, ou batterie, compliquaient encore trop le mécanisme extérieur de la platine

Découvertes chimiques, chlorate de potasse.

En 1787, trois illustres savants, Fourcroy, Vauquelin et Berthollet, trouvèrent l'emploi du chlorate de potasse comme sel fulminant. L'établissement de fabrication fondé à Essonne sauta. Le chlorate de potasse attaquait vivement le fer, on dût y renoncer.

Fulminate de mercure, capsule.

Le chimiste anglais Howard découvrit le fulminate de mercure à déflagration violente instantanée; on le rendit plus maniable en y mêlant *trois* parties de salpêtre sur *cinq* de fulminate. De 1807 à 1818, beaucoup d'essais furent tentés sur les amorces fulminantes: enfin un autre inventeur anglais, Joseph *Eggs*, trouva la capsule qui fut importée en France, pour les armes de chasse, vers 1819. Elle fut adoptée en principe en 1826, et ne fut mise en usage qu'au fusil de rempart, modèle 1831.

Fusil Brunéel.

En 1827, M. Brunéel, armurier de Lyon, proposa de remplacer la culasse pleine par une culasse à chambre dont l'objet était de fournir à la chemmée un écrou résistant. Le fer devait en être cémenté et trempé. La cartouche avait un sabot en bois servant de support à la balle, et vers le centre de la base de ce sabot était ménagé un trou portant la capsule avant d'amorcer. Des expériences faites en 1837 servirent à constater que le fusil à percussion donnait 0,54 p. 100 de ratés. Quand le fusil à silex donnait 4,63 p. 100. Le fusil Brunéel mena au fusil modèle 1840.

Fusil modèle 1840.

On appliqua à cette arme neuve la platine à chaînette, la hausse fixe ou *visière* que n'avaient pas encore eu les fusils d'infanterie. Le *guidon* fut fixé sur le canon au lieu d'être sur l'embouchoir. Enfin, comme dans le fusil Brunéel, il y eut une culasse à chambre, dans laquelle fut taraudé le trou destiné à recevoir la *masselotte* portant la cheminée.

La culasse à chambre distingue spécialement le fusil modèle 1840.

Etude des trois modes de transformation du fusil modèle 1822 en fusil à percussion.

On ne pouvait mettre au rebut l'armement considérable du système 1822. Dans le *premier mode de transformation* le canon fut *raccourci* au tonnerre, et la partie coupée fut remplacée par la nouvelle culasse à chambre de même calibre que le canon, portant la masselotte servant d'écrou à la cheminée. Le tonnerre se trouva affaibli et les épreuves donnèrent une perte de 10 canons sur 100.

Le deuxième mode fut de raccourcir le canon à la *bouche* de toute la longueur de la nouvelle culasse, le tenon fut descendu, le tonnerre se trouva renforcé.

Distinction, dans le *premier mode* les pans du tonnerre ont disparu en partie. Dans le *deuxième mode* ils existent en entier, de plus la culasse à chambre se trouve en arrière sur le prolongement, et on peut voir vers la bouche l'ancienne place du tenon. Ces deux modes avaient un inconvénient commun. C'est que la culasse à chambre ne coïncidait pas toujours avec l'axe du canon. *Le troisième mode* (colonel Arcelin, de l'artillerie) consistait à boucher la lumière par un grain d'acier vissé dans le fer du canon, et à visser également la *masselotte* contenant le nouveau canal de la lumière et portant la cheminée. On fit éclater des canons, et dans tous les cas les ruptures eurent lieu partout ailleurs qu'aux endroits travaillés. D'après ce troisième mode, le canon de 1822 resta tel quel. Ces fusils modèle 1822, transformés en 1842, sont restés en service jusqu'en 1858.

CINQUIÈME LEÇON.

Etude du fusil neuf modèle 1842.

Le troisième mode de transformation ne changeait rien à l'assemblage du canon et du bouton de culasse, le fond intérieur du canon restait le même. On apporta à cette arme quelques modifications relatives à la solidité, le bois fut renforcé à la poignée ; la *joue*, ou évidement à la crosse, fut supprimée, et on y adapta la platine à chaînette telle qu'elle a été définitivement établie au millésime de 1847. La *rosette* remplaça le porte-vis en *s*.

La *masselotte* fut soudée au canon à la deuxième chaude du soudage du tube. L'arme resta la même quant à la longeur totale ; la baïonnette fut renforcée au coude et arrondie au lieu d'être ovale.

Le fusil neuf modèle 1842 a été rayé par suite du programme de 1856. Le canon a été ramené à la longueur de celui du fusil de voltigeur et la baïonnette a été allongée de 0 m. 54

pour que l'arme conservât la longueur totale du fusil d'infanterie.

Cette arme a pris le nom de *fusil modèle* 1842 *transformé*.

Epaisseur du canon, résistance à l'explosion, causes accidentelles.

Dans les armes neuves l'épaisseur du canon a été faiblement augmentée. Elle a été réglée pour que le soldat eût dans son arme une confiance absolue et pût mettre par précipitation ou par inadvertance jusqu'à trois cartouches sans s'exposer à faire éclater le canon. Les causes *accidentelles* de rupture du canon peuvent provenir de l'introduction de corps étrangers dans l'âme, tels que sables, boue, neige, etc., qui laisseraient des vides entre la charge et ces mêmes corps. Le bouchon, oublié au bout du fusil, peut produire l'accident.

Variations que le vent des fusils a subies.

Le calibre est de 18^{mm} depuis 1842; on tolère en manufacture jusqu'à 18^{mm}, 4 et dans les canons en service jusqu'à 18mm, 6. Autrefois le calibre était de 17mm, 5. Du *vent* dépend la justesse du tir et la facilité du chargement, deux faits contradictoires. Le *vent*, après diverses variations, s'est trouvé réduit à 1mm de 1842 à 1848. En 1848 il fut porté à 1mm, 3, la balle eut le calibre de 17mm, 7. Les variations du *vent* n'affectent point l'arme, mais seulement les balles, dont il faut agrandir ou rétrécir les moules.

L'adoption des cartouches graissées a permis d'adopter un vent plus faible ; il a pu être réduit jusqu'à 0mm, 4 pour les balles du commandant Nessler. On s'est arrêté, pour les nouvelles armes, à 0mm, 8. Calibre du canon 18mm. De la balle 17mm 2.

Baïonnette, différence des deux modèles 1822 et 1847.

Le premier porte le millésime 1822, et le deuxième s'appelle modèle 1822, modification 1847. Le deuxième diffère du premier en ce que son poids est plus fort de 10 grammes, son coude est moins grand, mais plus fort et rond au lieu d'être ovale; ses côtés sont plus arrondis que ceux du premier modèle, le pontet de la *virole* est *arrondi* au lieu d'être *carré*.

Guidon et hausse fixe.

Déterminent la ligne de mire. Sur les armes neuves, à partir de 1840, la hausse fixe a été forgée avec la culasse. Dans les fusils 1822 transformés, elle a été rapportée sur la culasse, le cran de mire à 7mm de hauteur. Cette hausse a été portée à 11mm quand ces armes ont été rayées.

Sens des filets du bouton de culasse.

Dans le fusil 1822 transformé, si on visse la culasse dans le canon, on tourne de droite à gauche. Le choc du chien tombant sur la cheminée tend à faire dévisser l'assemblage. On a remédié à cet inconvénient en changeant dans les armes neuves le sens du taraudage.

SIXIÈME LEÇON.

ÉTUDE DE LA TRAJECTOIRE.

Le mouvement est uniforme ?

Lorsque des espaces égaux et continus sont parcourus dans des temps égaux. — Tel serait le mouvement d'un corps flottant entraîné dans un cours d'eau régulier. — Si l'on représente par E l'espace parcouru dans le temps T on aura la vitesse $V = \frac{E}{T}$, d'où $E = V\ T$; ce qui s'énonce : la vitesse est égale à l'espace divisé par le temps, et l'espace est égal à la vitesse multipliée par le temps.

Le mouvement est uniformément varié.

Lorsque la vitesse croît proportionnellement au temps. — Ainsi, dans les lois de la pesanteur on a $V\ gt$; $e = \frac{gt^2}{2}$; de ces deux formules on tire $V=\sqrt{2ge}$, $g=9,81$. On prouve l'exactitude de ces lois par la machine d'Atwood (1).

Manière de mesurer les vitesses acquises et les chemins parcourus après un temps déterminé ?

D'après les lois de la pesanteur on a les formules $V=gt$. La vitesse au bout de la première 1″ sera 9,81; au bout de la deuxième 1″ elle sera 9,81 × 2, puis 9,81 × 3, au bout de la troisième 1″, la vitesse croît en *progression arithmétique* comme les nombres 1, 2, 3, etc. L'espace parcouru au bout de la première 1″ sera $e=\frac{gt^2}{2}$ ou $\frac{9.81}{2}$; de $\frac{9.81}{2} \times 4$ au bout de la deuxième 1″; de $\frac{9.81}{2} \times 9$ au bout de la troisième 1″ et ainsi de suite; on voit que l'espace parcouru croît comme le carré du nombre de 1″ mis à le parcourir; ce qui s'énonce : ***l'espace croît comme le carré des temps.***

(1) Voir note A.

Éléments sur lesquels sont basés les principes du tir?

Planche III, fig. 1, ce sont :

La ligne de tir?

Qui est l'axe du canon indéfiniment prolongé.

La ligne de mire?

Qui sert à *viser*; elle passe par le fond de l'encoche et le sommet du guidon ; elle est dirigée vers le but qu'on veut atteindre.

La trajectoire?

Est la ligne courbe que décrit le centre de la balle dans son trajet dans l'air.

L'angle de tir?

Est l'angle formé par la ligne de tir avec l'horizon, au moment du tir.

L'angle de mire?

Est formé par la ligne de tir avec la ligne de mire.

Le plan de tir?

Est un plan vertical qui passe par l'axe du canon. Les conditions du tir sont bien remplies lorsque le plan de tir contient les trois lignes de tir et le but à atteindre.

Lorsque la ligne de mire est horizontale, l'angle de mire est égal à l'angle de tir?

En effet, les deux angles *a* et *a'* sont égaux comme correspondants, donc l'angle de mire *o* est égal à l'angle de tir *o'*, pl. III, fig. 2.

Forces qui agissent sur un projectile pendant son trajet dans l'air?

1° La force d'impulsion produite par la déflagration de la poudre, laquelle donne la vitesse initiale. 2° La pesanteur qui tend à faire tomber le projectile sur la terre. 3° La résistance de l'air tendant à altérer ou diminuer de plus en plus la vitesse initiale.

Tracé par points de la trajectoire en tenant compte du mouvement composé des projectiles dans le vide?

Pl. III, fig. 3. — En faisant abstraction de la résistance de l'air. Les deux forces qui agissent sur le projectile se mouvant dans le vide, sont: la force impulsive et la pesanteur ; la force impulsive communique au mobile une vitesse initiale de 480 mètres, par exemple; la résistance de l'air n'ayant plus lieu, la vitesse sera uniforme et le mobile devra parcourir sur la ligne de tir des espaces égaux dans des temps égaux. Ainsi fig. 3, au bout de la première 1″ le mobile serait en *a*, à la deuxième en *b*, à la troisième en *c* et ainsi de suite. Mais au bout de la première 1″ la pesanteur fait parcourir verticalement au mobile un espace $e = \frac{gt}{2}$ ou $\frac{9.81}{2}$; au bout de la première 1″ le mobile au lieu de se trouver en *a*, se trouvera en *a′* à $\frac{9.81}{2}$ sur la verticale et au-dessous du point *a*. Au bout de la deuxième 1″, au lieu de se trouver en *b*, il se trouvera en *b'* et ainsi de suite jusqu'à ce que le mobile ait touché le sol. Les points *a' b' c'* etc., sont des points de la trajectoire. La trajectoire forme ainsi, dans le vide, une ligne courbe symétrique par rapport au point le plus élevé, appelé *la hauteur du jet*; les deux branches ascendante et descendante sont symétriques par rapport à *l'ordonnée* ou verticale de la hauteur du jet, et la courbe s'appelle *parabole*.

Si la vitesse initiale est de 480 et l'ouverture de l'angle de tir de 45°, le calcul donne à la courbe une corde, ou *portée* de 17,993 mètres. Dans l'air, la plus grande portée du fusil d'infanterie, donnée par l'angle de tir de 28°, est de 1000 mètres.

La *résistance de l'air* rend, par conséquent, la portée 18 fois moins grande (1).

(1) Calcul pratique approximatif, planche III, fig. 4. — L'inclinaison de la ligne de tir est de 45° ou de 50 sur 100. si l'on suppose le quart de cercle divisé en 100°. Le carré de l'hypothénuse $x^2 = 100_2 + 50^2$,
d'où

$$x = \sqrt{10,000 + 2500} = \sqrt{12,500} = 112.$$

Chaque portion de 112 mètres de la ligne de tir a une pro-

Faire voir que ce tracé dépend uniquement de la vitesse initiale et de l'angle de tir ?

Si la vitesse initiale était faible et l'angle de

jection horizontale de 100 mètres. La projection horizontale de l'espace de 480 mètres, parcouru pendant la première 1″, s'obtient par 112 : 100 : : 480 : x, par la similitude des triangles, d'où $x = 428$ mètres. A toutes les 1″ le mobile parcourt 480 mètres sur la ligne de tir ou 428 mètres en projection horizontale, L'ordonnée de la ligne de tir au bout d'une 1″ au point a est, la moitié de la projection, soit 214 mètres, et sera partout la moitié de la projection de la portion de la ligne de tir considérée. Au bout de 42″ le mobile aura franchi une distance horizontale de 42 × 428 soit 17,978 mètres. L'ordonnée à ce point est de $\frac{17978}{2}$ ou 8989, c'est-à-dire que la ligne de tir passerait sur la verticale à un point élevé de 8989 mètres au-dessus de l'horizontale. Le mobile au bout de 42″ serait descendu de $e = \frac{gt^2}{2}$ ou $\frac{9.81 \times 42^2}{2} = 8543$ mètres. Il serait redescendu très-près du sol, puisqu'à la 43me 1″ il serait descendu, en faisant le même calcul analogue, de 9060 mètres.

tir peu ouvert, il est évident que la trajectoire aurait une *hauteur de jet* moins grande, et que le projectile, sollicité par la pesanteur, atteindrait plus vite le sol, pl. III fig. 5.

A l'inspection de la figure on voit que, plus l'angle de tir est ouvert, plus la hauteur verticale du jet est grande.

Et que si la vitesse initiale était faible, la pesanteur diminuerait la *portée*. La portée est la même pour deux angles éloignés également de la bissectrice formant l'angle de 45°.

L'amplitude du jet?

Est le développement de la courbe.

La portée du jet?

Est la corde de cette courbe.

L'ordonnée du milieu de la portée (à 8989 mètres) rencontrerait la ligne de tir à 4494 mètres de verticale ; le mobile serait descendu au bout de 21″ de $e = \frac{gt^2}{2}$ ou 2160 mètres. La *hauteur du jet* serait donc 4494-2160 ou 2334 mètres. De ce point les deux branches de la *parabole* seraient symétriques.

Dans la pratique du tir, la plus grande portée est donnée par l'angle de 45° pour les bouches à feu. — Et de 22 à 28° pour le fusil d'infanterie.

Etude des principales propriétés de la trajectoire?

L'Italien Tartaglia considérait la trajectoire comme formée de trois segments, le 1er en ligne droite vers la bouche ; le 2e en arc de cercle au centre ; le 3e en ligne droite verticale. — Pour comparer les diverses parties, il mesurait les inclinaisons de l'arme avec un quart de cercle divisé en 12 points; d'où vient le mot *pointer*. — Galilée pensait que l'air n'avait pas assez de masse pour offrir une résistance sensible au mouvement des projectiles. Newton, et après lui Robins, autre savant Anglais, prouvèrent que la trajectoire n'était point une parabole, mais une courbe formée de deux branches inégales. — Les calculs de trajectoires faits tour à tour par les savants Lombard, Euler et Bernouilli, n'ont jamais donné un résultat mathématique ou un tracé exact; il a fallu s'en rapporter aux tables de tir du savant Lombard, basées sur des expériences d'après les angles de tir et les vitesses initiales suivant des charges données.

En somme *on peut définir les propriétés de la trajectoire*, d'après son tracé s'élevant au-dessus de la ligne de mire jusqu'au but en blanc naturel, et s'abaissant de plus en plus au-dessous de la ligne de mire au-delà de ce point, et ayant un angle de chute presque droit relativement à l'angle de tir.

SEPTIÈME LEÇON.

Résistance de l'air?

Dans le vide, la trajectoire a une portée 18 fois plus grande que dans l'air. — Si le mouvement du projectile est lent, les molécules de l'air déplacé glisseront sur le projectile; si le mouvement est très-rapide, les molécules réagissent les unes contre les autres et forment en arrière du mobile comme un *remous*.

Énoncé des lois de cette résistance?

La résistance de l'air est proportionnelle au carré de la vitesse dont le projectile est animé au moment que l'on considère. — C'est-à-dire que si la *vitesse* est *double*, la résistance est *quadruple*, etc. En effet, entre deux mobiles, de même calibre et de même poids, se mouvant dans l'air, celui qui a une *vitesse double* rencontre dans le même *temps* une fois plus de molécules de l'air; il perd donc *deux fois* plus de vitesse dans le même temps donné. D'autre part, le même mobile imprime aux molécules de l'air qu'il rencontre une vitesse double que celle que lui imprime l'autre mobile se mouvant plus lentement. — Donc le mobile, animé d'une vitesse double, perd de sa vitesse le quadruple de celle perdue par le mobile à vitesse simple.

Sens des modifications que la résistance de l'air apporte à la forme de la trajectoire?

La résistance de l'air tend à affaiblir de plus en plus la vitesse initiale du projectile, tandis que la vitesse de la pesanteur s'accroît au contraire de plus en plus, de sorte que vers la fin de son trajet dans l'air, le projectile tend à tomber selon la verticale, et la trajectoire forme avec l'horizon un *angle de chute* presque droit.

Définitions des mots : masse et densité ?

La *masse* d'un corps est la quantité de molécules que renferme ce corps. La *densité* ou *pesanteur spécifique* est le poids d'un centimètre cube de la matière de ce corps. Ainsi, la *densité* du plomb est de **11**, celle du fer est de 7.

La *masse* d'un corps est égale au volume multiplié par la densité. **M = VD.**

Les pertes de vitesse de deux projectiles ayant même vitesse initiale sont en raison inverse des produits des diamètres par la densité ?

La résistance de l'air pour ces deux mobiles est proportionnelle à leur surface; ou plus simplement, puisque les surfaces sont entre elles comme les carrés de leurs diamètres, au carré de leur diamètre.

D'un autre côté, la force des deux mobiles est proportionnelle à leur masse; mais M = v d ou au volume × par la densité. — Or, les volumes sont entre eux comme le cube de leurs diamètres, ou au cube de leur diamètre × par leur densité.

L'effet retardateur sera donc proportionnel, pour chaque mobile au carré de son diamètre, divisé par le cube de ce diamètre × par la densité $\frac{D}{D^3 \times d} = \frac{1}{D \times d}$ en faisant disparaître D^2.

Pl. III, fig. 6, exemple : soient 2 balles en plomb des calibres de 0,02 et 0,01, on aura la pesanteur spécifique du plomb étant 11, $\frac{1}{0,02 \times 11} = 4$ et $\frac{1}{0.01 \times 11} = 9$, d'où l'on voit que la balle au plus petit diamètre éprouvera la plus grande perte de vitesse. Donc les pertes de vitesse, etc. Soient encore 2 balles de même calibre de 0,02, l'une de plomb, l'autre de fer, (la densité du fer est 7), l'effet retardateur sera pour le plomb 4, pour le fer $\frac{1}{0,02 \times 7} = 7$.

Appareils balistiques pour mesurer les vitesses initiales des projectiles (1) ?

M. Debooz, officier d'artillerie, proposa en 1838 l'appareil pl. III, fig. 7, composé de deux écrans-cibles, l'un fixe, l'autre soutenu en l'air par deux poulies de renvoi fixes, sur lesquelles passait une corde portant un poids p, faisant

(1) Exposés par le capitaine Navez au journal des sciences militaires, février 1859.

équilibre à l'écran mobile. — Les deux écrans, très-rapprochés, étaient à 50 ou 60 mètres de la bouche de l'arme à feu, et la corde passait devant cette bouche.

Le projectile coupait la corde et l'écran mobile descendait aussitôt. — D'après les lois de la pesanteur, on obtenait la vitesse par la formule $V=\sqrt{2gc}$. Cet appareil bien simple donnait des vitesses initiales exagérées, parce que le frottement du fil sur les poulies de renvoi empêchait la pesanteur d'agir dès l'instant où le fil était coupé.

Appareils électro-balistiques?

Dès que l'application de l'électricité fut généralisée, plusieurs savants s'occupèrent de la recherche d'appareils électro-balistiques pour mesurer les vitesses initiales, ainsi que les vitesses en un point quelconque de la trajectoire ; on arrivera par cet appareil à mieux préciser les lois de la résistance de l'air. — En France, le capitaine d'artillerie M. Martin de Brettes, répétiteur de l'école polytechnique, et M. Pouillet, de l'Institut, s'en sont séparément occupés; en Prusse, M. Siemens, en Russie, le colonel Konstantinoff; en Bavière, le général baron de Wrède; en Angleterre, M. Weadstone, et en Belgique, M. le capitaine d'artillerie Navez.

Appareil du capitaine Navez.

Au lieu et place de la corde de M. Debooz, M. Navez établit un fil ou circuit électrique. L'écran mobile a vers sa partie supérieure un morceau de fer doux. Cet écran est soutenu en l'air par un aimant que porte l'écran fixe et qui agit par l'effet du courant.

Dès que le projectile casse le fil électrique à la sortie du canon, le circuit électro-magnétique est rompu, l'action de l'aimant cesse et l'écran est soumis aussitôt aux lois de la pesanteur!

La vitesse du fluide électrique est de près de 100 lieues par 1″, de sorte qu'il ne peut pas y avoir de retard entre la rupture du circuit et l'action agissante de la pesanteur, et la formule $V = \sqrt{2ge}$ donne une vitesse initiale plus précise.

Autre appareil. (Pl. III, fig. 8.)

Mais on s'est aperçu que la déflagration de

la poudre n'étant pas instantanée, la vitesse initiale obtenue ne devait pas être précise et qu'il fallait déduire de cette vitesse celle de la balle ou du projectile dans l'intérieur du canon, comprise entre l'instant où le chien frappe la capsule, et l'instant où le circuit électrique est coupé à 6 mètres de la bouche du canon (1).

Ainsi, si l'on attache le fil électrique au chien, dans la position du bandé, et à la cheminée en faisant passer le fil devant la bouche du canon, à cause du bois de la monture qui sépare les pièces de métal, le circuit n'est établi qu'à l'instant où le chien frappe la capsule adhérente à la cheminée, et il est rompu, ce circuit, à l'instant où le projectile coupe le fil électrique à la bouche.

L'intervalle est très-court; pour mesurer le temps, M. Bréguet a inventé des pendules élec-

(1) On a constaté que lorsque le fil était placé devant la bouche, il était rompu par l'action des gaz avant la sortie du projectile. Néanmoins ces expériences n'ont peut-être pas été faites avec l'armement rayé, dans lequel le *vent* cessant d'exister, la balle forcée doit sortir du canon avant les gaz qui la poussent.

tro-balistiques qui permettent de compter les tierces et même les quintes. Ces pendules font partie du circuit, entrent en action au moment où le chien frappe la capsule et cessent leur action à l'instant de la rupture.

Le mouvement du projectile dans la longueur du canon étant considéré comme uniforme, on a la vitesse V = ET. Cette vitesse est déduite de la vitesse initiale.

Les appareils électro-balistiques permettent de mesurer la vitesse à tel ou tel point de la trajectoire en établissant le circuit électro-magnétique aux distances déterminées par ces points. On peut reconnaître ainsi la diminution progressive de la vitesse initiale produite par la résistance de l'air. Il faut toutefois, pour se prononcer, que toutes les conditions du tir soient les mêmes pour toutes les distances expérimentées.

HUITIÈME LEÇON.

Manière d'apprécier les distances.

A la *vue simple* comme cela se pratique dans les régiments, en faisant : 1° *étalonner* le pas ; 2° en plaçant quatre hommes aux distances de 50, 100, 150 et 200 mètres, et en faisant remarquer aux classes à instruire les parties saillantes du corps de l'homme, de l'habillement et de l'équipement qui paraissent à ces distances ; 3° en répétant les mêmes opérations entre 200 et 400 mètres. A l'aide d'*instruments* appelés *stadias*.

Importance de cette appréciation.

Est d'autant plus grande que toutes les armes rayées étant des armes de précision, la justesse du tir ou son effet utile dépendent *uniquement* de cette appréciation.

Description des différentes espèces de stadias.

Leur principe repose sur la similitude des triangles.

1o Règle graduée (pl. 3, fig. 9).

Tenue verticalement. La hauteur *apparente* est à la hauteur réelle du fantassin ou du cavalier; comme la distance de l'œil à l'instrument est à la distance de l'œil à l'objet visé;

2o Stadia triangulaire (pl. 5, fig. 10).

Coupée dans une plaque de métal ou de carton en forme de triangle isocèle. Elle se construit mathématiquement. Comme dans la règle graduée, un côté porte les divisions des hauteurs apparentes du fantassin équipé; l'autre côté porte des divisions analogues relatives au cavalier. La stadia doit être tenue à une distance invariable de l'œil, le réglement fixe cette distance à 0m, 67 qui est la longueur moyenne du bras, la base du triangle isocèle doit être tenue verticalement. Les divisions en nombre rond de centaines, sont marquées par de grands traits; celles intermédiaires par des traits plus faibles. Si la hauteur apparente d'un homme ou d'un cavalier est comprise entre deux divisions, on évalue l'éloignement entre ces deux divisions.

3° Stadia à lunette (pl. 5, fig. 2).

Le caporal Malfaite, du 67e, a inventé deux tubes glissant l'un dans l'autre. Il place à l'orifice du grand tube un verre concave, et à l'orifice extérieur du petit tube une fente horizontale entre laquelle se détermine la hauteur apparente. Le petit tube glisse en coulisse. Des divisions marquent les distances selon que l'appareil se raccourcit.

Le commandant Minié et M. Porro, officier piémontais, ont chacun inventé une espèce de stadia à lunette, constituant un appareil délicat basé sur des principes d'optique.

Leurs avantages et leurs inconvénients.

Les *avantages* sont d'être d'une construction simple et d'un usage facile, surtout pour les deux premiers genres. Les inconvénients sont : que la longueur du bras varie pour chaque homme, de sorte que chacun d'eux devrait se construire la stadia qui lui est propre; la moindre *inclinaison* de l'instrument cause des erreurs; enfin la vue de celui qui s'exerce est plus ou moins parfaite.

NEUVIÈME LEÇON.

Détermination pratique de la trajectoire moyenne d'une arme.

Les causes nombreuses de déviation des projectiles font qu'à chaque coup dirigé sur le même but, dans les mêmes *conditions* pratiques de tir (1) l'on obtient une trajectoire différente. En effet il est pratiquement impossible, avec la meilleure arme de justesse, qu'à une distance de 200 à 600 mètres, deux balles aillent se supperposer sur une cible. Ces trajectoires partant d'un même point, le fond de l'axe du canon, s'écartent entre elles de plus en plus avec l'éloignement. Parmi ces courbes, sur 30 ou 40 coups tirés, il doit s'en trouver une qui occupe

(1) Il faut admettre dans l'expression les mêmes conditions de tir, la même charge et le même chargement pour l'arme, le même pointage sur affût ou sur appui, les mêmes conditions atmosphériques, choses qu'il est très-difficile d'obtenir en pratique.

une position *centrale* par rapport aux autres et que l'on nomme la *trajectoire moyenne*.

Cette trajectoire se détermine, en maintenant la ligne de mire *invariable*, soit en tirant sur *chevalet, sur appui* ou à *bras francs*. On obtient, en tirant le même nombre de coups à chaque distance, des points successifs de cette trajectoire.

Manière de relever les coups.

On tire sur un *panneau* de quatre mètres de côté, subdivisé en carrés multiples ou sous-multiples du mètre (pl. 4, fig. 1). Tous ces coups sont tirés dans des conditions égales. On relève les coups portant au-dessus du point visé, et on fait la somme de leur distance verticale à l'horizontale passant par le point visé, on fait de même pour les coups portant au-dessous du point visé. On voit par la comparaison de ces deux sommes si la moyenne des coups porte au-dessus ou au-dessous du point visé.

Calcul des hauteurs des points de la trajectoire par rapport à la ligne de mire.

Le coup moyen est la trace du passage de la

trajectoire à travers le panneau. Cette trace s'obtient en faisant la différence des deux sommes et en divisant cette différence par le nombre de coups tirés. Le résultat donne la distance du point moyen au-dessus ou au-dessous de l'horizontale du point visé. On fait la même opération pour toutes les distances.

Tracé par points de la trajectoire.

On mène une ligne de mire indéfinie (pl. 4, fig. 2) sur laquelle on marque, à une échelle réduite, les distances auxquelles on a tiré. On élève des perpendiculaires sur lesquelles on porte les points de la trajectoire moyenne, passant au-dessus et au-dessous de la ligne de mire ou du point visé. La réunion de ces points par une courbe constitue la trajectoire.

La trajectoire peut encore se déterminer au moyen d'écrans placés sur un terrain horizontal. Le passage des balles au travers des écrans donne le tracé de la trajectoire par rapport au terrain et à la ligne de mire (pl. 4, fig. 3).

Règles de tir résultant du tracé de la trajectoire.

Pour toute distance où la trajectoire passe

au-dessus de la ligne de mire, il faut viser en dessous du point à atteindre, et faire le contraire pour toute distance où la trajectoire passe en-dessous de cette même ligne de mire.

But en blanc naturel.

C'est le point où la trajectoire coupe une deuxième fois la ligne de mire. A partir de ce point la trajectoire reste toujours au-dessous de la ligne de mire et s'en éloigne de plus en plus.

Conditions d'après lesquelles on doit fixer le but en blanc.

1° De manière que la trajectoire ne s'élève pas trop au-dessus de la ligne de mire, entre la sortie du canon et le but en blanc, c'est-à-dire à ce que la balle ne sorte pas du corps de l'homme;

2° Que le soldat atteigne le but en blanc, pour ainsi dire sans viser en abaissant vivement son arme dans la position de *joue* ;

3° Enfin il faut que la portée du ***but en blanc*** soit convenable pour ouvrir le feu dans les limites ordinaires du combat; cette dernière condition est bien remplie par le fusil actuel dont le but en blanc est à 200 mètres et dont la trajectoire ne s'est élevée à cette distance que de $0^m,09$ au-dessus de la ligne de mire.

DIXIÈME LEÇON.

ÉTUDE DE LA HAUSSE.

Objet de la hausse.

Lorsque le point à atteindre est situé au-delà du but en blanc, à une distance telle que la trajectoire s'abaisse au-dessous de la ligne de mire plus qu'à hauteur de ceinture d'homme, la hauteur de l'homme ne présente plus alors de point de *repère* sur lequel on puisse viser pour atteindre à la ceinture, et il faut recourir à une ligne de mire *artificielle*, en ouvrant l'angle de mire, laquelle rencontre la trajectoire au point éloigné que l'on veut atteindre et détermine un but en blanc artificiel, tel est l'*objet de la hausse*.

Détermination de la hausse d'une arme.

La hausse porte un *curseur*. On tire sur un panneau carrelé à 300 mètres, par exemple : si les premiers coups portent trop bas, on élève le curseur et vice-versa s'ils portent trop haut. Dès que l'on est arrivé à une bonne justesse, on tire 25 ou 30 coups et on cherche d'après le relevé la position du point de passage de la trajectoire moyenne. On gradue la hausse pour 300 mètres, et on opère ainsi de suite pour les autres distances.

On peut graduer la hausse par le *calcul*, et pour chaque distance au moyen des triangles semblables *a b c*, *d e f*, (pl. 4, fig. 4). Mais la pratique donne des résultats plus certains.

Conditions que doivent remplir les appareils servant de hausse.

Solidité, précision et maniement facile. Les lignes de mire obtenues artificiellement doivent être dans le plan vertical de tir. Les divisions doivent être en nombres ronds pour ne pas trop compliquer l'appareil. Si d'après l'appréciation du tireur le point à atteindre est situé, par exemple, entre 500 et 600 mètres, le tireur doit chercher un point de hausse intermédiaire en ***élevant*** ou en ***abaissant*** le curseur.

Construction graphique d'après laquelle on détermine la hausse d'après la trajectoire et réciproquement.

Rien de plus simple. La trajectoire étant tracée à une échelle de $\frac{1}{100}$ par exemple, sur le papier ou sur un plancher, on joint les points déterminés pour les distances usuelles au sommet du guidon, et les prolongements de ces lignes droites rencontrent la hausse aux points de *graduation*.

Réciproquement, les graduations de la hausse étant données, il n'y a qu'à les joindre au sommet du guidon et on détermine les points principaux de la trajectoire en portant sur ces lignes de mire artificielles les distances pour lesquelles les graduations ont été expérimentées ou calculées. (Faire le dessin graphique à une échelle convenable).

Diverses espèces de hausse.

Les unes sont à *curseur*, celles des chasseurs à pied ; d'autres sont à *lamettes :* d'autres à *trous;* d'autres à 1/4 de cercle. La hausse à *curseur* est préférable parce qu'elle donne la facilité de placer le rayon visuel entre les divisions intermédiaires, selon l'appréciation que le tireur, dont l'intelligence est mise à profit, fait de la distance. Dans les autres systèmes de hausse les crans de mire sont invariablement fixés.

ONZIÈME LEÇON.

Des causes d'irrégularité dans le tir.

Elles peuvent provenir : 1° du tireur; 2° de l'arme; 3° de la charge; 4° des circonstances extérieures.

1° Du tireur.

La première condition pour atteindre est de maintenir l'immobilité de l'arme et de faire partir le coup sans déranger la ligne de mire, ce qui ne se fait pas toujours. Ensuite, le tireur peut pencher l'arme à gauche ou épauler trop à gauche et alors le coup porte à gauche ; mêmes inconvénients pour le côté droit, de plus les pieds trop croisés, un mouvement trop brusque sur la détente et une sensation involontaire peuvent encore faire porter le coup à droite. Si l'on vise à guidon plein à droite ou à gauche, la ligne de mire se trouve abaissée et sort même du plan de tir.

2° De l'arme.

La ligne de mire peut ne pas être dans le même plan que l'axe du canon; le tireur doit assez connaître son arme pour remédier à ce défaut lorsqu'il existe. Le canon peut être faussé. Dans les armes rayées, la balle à évidement pyramidal triangulaire du commandant Nessler (balle de 1857) sort forcée du canon; le vent n'existe plus et le coup doit porter à peu près où l'on vise d'après les règles de tir : ce qui a généralement lieu, le fusil actuel étant une arme de précision.

3° De la charge.

Avec les nouvelles armes la charge de 4 gr. où la cartouche de 1857 est calculée pour les diverses distances du tir; il n'y a que la détérioration de la poudre ou un excès de charge en plus ou en moins qui puissent modifier les portées expérimentalement établies.

4° Des circonstances extérieures.

La résistance de l'air et les courants de l'atmosphère influent sur le tir et le modifient. Les vents de côté ou en biais produisent des déviations dans le sens de leur courant et qui augmentent avec les distances où l'on tire. On y remédie en visant le bord de la cible du côté opposé. La portée peut être augmentée ou diminuée selon que l'on a vent arrière ou vent debout. Le soleil donnant sur le canon, surtout si l'on tire directement vers le levant, peut éblouir ou gêner la vue du tireur. Il peut également éclairer irrégulièrement le guidon et l'encoche. L'atmosphère étant perpétuellement variable, affecte constamment le tracé de la trajectoire dans l'air.

Causes provenant du mouvement des balles.

Dans les canons lisses, la différence de calibre entre le canon et la balle constituait le *vent*. La balle reposant dans la partie inférieure du tonnerre (pl. 4, fig. 5) était renvoyée de *a* en *b*... en *c*..., etc., elle éprouvait divers battements et pouvait sortir dans une direction oblique par rapport à la ligne de tir, et partant pouvait dévier de plus en plus du plan de tir.

Ainsi les balles tirées sur appui, par les meilleurs tireurs, avaient quelquefois des écarts verticaux ou horizontaux *d'un rayon* de 11 mètres à la distance de 300 mètres, et de 25 mètres à la distance de 400 mètres.

En outre, les battements dans l'*âme* imprimaient à la balle un mouvement de *rotation irrégulier*, lequel ne nuisait point à la *portée*, car, l'on peut remarquer dans le tir des bombes que lorsque le mouvement de translation est fini, la bombe tombée sur le sol tourne quelquefois encore; de sorte que le mouvement de rotation paraîtrait avoir plus de durée que celui de translation.

Les balles peuvent être inégalement poreuses et leur centre de *figure* géométrique peut ne point coïncider avec le centre de *gravité*. C'est autour de ce dernier *point* que le mouvement de rotation s'opère. Ce mouvement, s'il n'était *régularisé*, entraînerait le projectile dans des *écarts* considérables. C'est pour le régulariser que l'on a eu recours aux *rayures*.

Explication des rayures.

On a fait du canon *un écrou* par 4 *pas de vis* de deux mètres partant de la même circonférence du cercle de base du tonnerre; et on a fait de la *balle*, se forçant dans les rayures, *une vis sortant de cet écrou*. Par ce moyen, les parties irrégulières de la balle, par rapport au centre de gravité, tournent autour de l'axe du canon et tendent à ne pas s'écarter du pas de vis, c'est-à-dire qu'elles reviendraient, si le mouvement de translation se maintenait dans le sens de l'axe, occuper successivement à tous les deux mètres la même position par rapport à cet axe.

Vitesse de rotation.

Puisqu'à tous les deux mètres la balle fait

un tour, la vitesse de rotation est la 1/2 de la vitesse de translation. Ainsi le mobile parcourant 480 mètres dans la première 1", la balle aura fait 240 tours.

DOUZIÈME LEÇON.

Manière d'apprécier la justesse des armes.

La justesse d'une arme est appréciée de prime abord non par rapport au point visé, mais par rapport à la place où se groupe le plus grand nombre de coups; ce qui prouve qu'à cette place les trajectoires sont le plus rapprochées. Sauf à ramener plus tard le groupe du plus grand nombre de coups autour du point visé en améliorant la ligne de mire.

Définition du point d'impact moyen et sa détermination.

C'est le point central autour duquel les coups d'une arme sont groupés plus ou moins symétriquement. Sa détermination se fait sur le panneau d'après le tableau suivant :

TABLEAU DES RELEVÉS DES COUPS PAR RAPPORT AU POINT VISÉ.

	AU-DESSUS.	AU-DESSOUS.	A DROITE.	A GAUCHE.
	m	m	m	m
1er coup. . . .	0,25		0,15	
2e id.		0,15	0,25	
3e id.	0,40			0,12
4e id.	0,13		0,16	
5e id.		0,12		0,28
TOTAUX. . . .	0,78	0,27	0,56	0,40

OPÉRATIONS · 1° $0,78-0,27=0,51;\ 0,\frac{51}{5}=0,102;$

2° $0,56-0,40=0,16;\ 0,\frac{16}{5}=0,032.$

Le point d'impact est à 0m, 102 au-dessus du point visé, et à 0m, 032 à droite de ce même point visé.

Ecart vertical moyen.

S'obtient en faisant la somme de toutes les distances par rapport à l'axe horizontal et en divisant par le nombre de coups tirés.

Ecart horizontal moyen.

Même opération par rapport à l'axe vertical du panneau.

Ecart absolu moyen.

Sa place sur le panneau doit se trouver graphiquement à la fois sur l'horizontale qui mesure l'écart horizontal et sur la verticale qui mesure l'écart vertical, c'est-à-dire au point de rencontre de ces deux lignes, formant un rectangle avec les deux axes. La distance au point visé est mesurée par la diagonale du rectangle (pl. 4, fig. 6). Soit par l'hypothénuse du triangle rectangle *a o b*, construit sur l'écart vertical et sur l'écart horizontal.

Détermination du rayon de cercle contenant une fraction de coups.

Pour apprécier la justesse d'une arme, on prend une fraction du nombre de coups tirés, le tiers, par exemple, sur 15.

Par rapport au point d'écart moyen absolu, le premier coup rapproché est à $0^m,15$; le deuxième après à $0^m,16$; le troisième à $0^m,19$; le quatrième à $0^m,21$; et le cinquième à $0^m,26$. La circonférence du cercle des cinq meilleurs coups passera par le cinquième coup à $0^m,26$, et l'on dira que le rayon est de $0^m,26$.

TREIZIÈME LEÇON.

Détermination des 0/00 sur des buts d'une grandeur donnée.

On multiplie par cent le nombre de balles mises, et on divise le produit par le nombre de coups tirés ; le quotient donne le 0/00.

Comparaison de l'importance de ces quantités dans l'appréciation de la justesse d'une arme.

L'arme sera d'autant plus juste que le 0/00 sera plus grand si l'on considère le 0/00, ou que le rayon de cercle de la fraction des coups sera plus petit s'il s'agit d'une arme de précision.

Transformation des données précédentes par rapport au point d'impact moyen.

On fait passer les deux axes du panneau par

le point d'impact moyen, et on rapporte à ce point et à ces axes tous les écarts verticaux et horizontaux que l'on avait considérés par rapport au point visé, milieu du panneau; et on a ainsi la comparaison des écarts par rapport au point d'impact moyen (pl. 4, fig. 7). Ainsi tel point qui avait son écart vertical en-dessus du point visé, peut l'avoir au-dessous du point d'impact, etc.

Usage de ces quantités dans l'appréciation de la justesse d'une arme et de l'adresse d'un tireur.

Si l'arme n'est *point réglée*, on considère la justesse par rapport au point d'impact, et si elle *est réglée*, on apprécie l'adresse du tireur par rapport au point visé. Le pour cent donne également la mesure de l'adresse du tireur sur une cible exiguë.

Tracé des courbes et des gerbes de justesse.

On porte sur une droite *a b* (pl. 4, fig. 8), les distances auxquelles on a tiré, on y élève des *ordonnées* sur lesquelles on porte l'écart moyen absolu pour chaque distance, on joint tous ces points et on a la *courbe de justesse*, laquelle doit s'écarter de l'axe à mesure des distances. Pour obtenir les *gerbes* de justesse entre deux armes, on trace la courbe de justesse de chacune d'elles par rapport au même axe. En faisant tourner ces courbes autour de l'axe, elles décrivent ce que l'on appelle des *gerbes de justesse*, faciles à comparer. La plus petite se rapporte à l'arme qui a le plus de justesse.

Les courbes et les gerbes de justesse des 0/00 s'obtiennent de la même manière en portant sur les ordonnées des distances égales conventionnelles, à une échelle quelconque telle que : 35 millimètres pour le 35 0/00, 25 millimètres pour le 25 0/00. Seulement les courbures seront ouvertes en sens contraire (fig. 9).

QUATORZIÈME LEÇON.

HISTORIQUE SUCCINCT DES ARMES RAYÉES.

Renseignements sur les premières armes rayées.

Les armes rayées remonteraient presqu'à l'origine des armes à feu, si l'on veut bien appeler *rayures*, les *éraillements* produits dans le canon par de grosses baguettes en fer lorsqu'on enfonçait un tampon par dessus la charge. On observa superficiellement que les *raies* ainsi faites, donnaient plus de *portée* et plus de *justesse*, et que l'arme s'encrassait moins vite (les raies logeant la crasse).

On ne fit point de ces observations l'objet d'une étude approfondie. Cependant on signale l'introduction en Allemagne, vers la fin du xve siècle, d'armes fabriquées avec des *rayures droites*, inventées par Gaspard Zollner, de Vienne, vers 1498. Koller, de Nuremberg, établit des armes à *rayures inclinées*, de 1500 à 1520. Vers 1520, les Russes avaient des armes de guerre rayées; les Polonais en 1525, et les Bavarois vers 1645.

Vers 1671, des expériences furent faites en France, elles amenèrent les fusils dits à la *Chaumette* et l'*amusette*, du maréchal de Saxe, ces deux armes tirant à balle forcée, se chargeaient par la culasse.

Carabines (1) de 1793, dites de Versailles.

Le système de chargement par la culasse, pour obtenir le forcement de la balle, donnait lieu à de nombreux détraquements à la suite desquels l'arme était mise hors de service. En 1793, on fit usage des armes rayées dites *carabines de Versailles*. On en établit deux modèles, un pour l'infanterie, l'autre pour la cavalerie. La carabine avait sept rayures, elle se chargeait au *maillet*, était fort lourde, et les sous-officiers qui en étaient munis les abandonnaient à la guerre pour attraper un *fusil*, plus maniable et pourvu d'une *baïonnette*.

La grande difficulté, dans l'emploi de ces armes, consistait dans la manière d'obtenir un mode de forcement facile.

Système Delvigne (pl. 5, fig. 1).

En 1827, M. Delvigne, officier dans l'infanterie de la garde royale, mit en avant son système de forcement, lequel a servi de base à l'étude et

(1) Le nom de carabine paraît venir de *karab*, nom d'une arme des anciens cavaliers maures (général Bardin).

à l'établissement progressif de l'armement rayé répandu aujourd'hui dans toutes les armées de l'Europe.

Le principe de M. Delvigne consistait à forcer une balle d'un calibre de 1mm moindre que celui du canon, et à la faire reposer sur le *ressaut* d'une chambre de moindre diamètre que la balle, renfermant la poudre au fond du tonnerre vers la culasse. La baguette en frappant sur la balle pour bourrer, l'aplatissait et la forçait de s'appliquer contre les rayures. La balle en sortant du canon prenait le mouvement de rotation régulier imprimé par les rayures.

Modes de chargements antérieurs au système Delvigne.

Par la culasse; fusil à la *Chaumette* et *amusette* du maréchal de Saxe, ou par la bouche avec le *maillet*, carabines de Versailles 1793.

Fusil de rempart, modèle 1831.

L'étude des armes rayées pour l'armement général des troupes avait été abandonnée vers 1818; mais elle avait été poursuivie pour l'armement des places.

Le fusil de rempart, modèle 1831, avait été

essayé au siége d'Alger 1830 et avait rendu de bons services. — Cette arme, adoptée en 1831, était rayée, se chargeait et se forçait par la culasse et portait une tige en fer que l'on appuyait sur un mur pour la tirer. — On y avait adapté le système à percussion ainsi que la platine à chaînette primitive.

Expériences de 1833 et 1834.

Le fusil de rempart, modèle 1831, employé au siége d'Anvers, 1832, laissait à désirer. — De nouvelles études expérimentales furent faites en 1833 et 1834. On s'arrêta à *deux* modèles : la *grosse* et la *petite* carabine, établis d'après le mode de forcement *Delvigne*. La *petite* carabine porta le nom de carabine de *tirailleurs*, dite à la Pontcharra (1), et la *grosse* carabine devint le *fusil de rempart modèle* 1838.

Fusil de rempart modèle 1840 et carabine dite de munition.

Les deux armes précédentes, employées à l'expédition de 1839 en Afrique, laissaient à dé-

(1) Du colonel d'artillerie de ce nom.

sirer pour les conditions du tir et du transport de ces armes. M. le colonel Thierry y apporta des modifications qui amenèrent la carabine de 1840, dite de *munition* et le *fusil de rempart* dit *allégé*, modèle 1840. La carabine dite de *munition* fut donnée aux chasseurs d'Orléans nouvellement créés.

Carabine et fusil de rempart, modèle 1842.

D'après les rapports de 1841 sur l'usage des armes précédentes on établit, à la suite de nouvelles études, deux nouveaux modèles réguliers pour chacune de ces armes, qui prirent le nom de *modèles* 1842. Les rayures des armes précédentes étant à arêtes vives s'usaient par les frottements de la baguette et du projectile. — Les rayures des nouvelles armes, au nombre de quatre, furent à forme demi-circulaire adoucie et d'une profondeur uniforme de $0^{mm},5$.

Carabine à tige, modèle 1846.

Les inconvénients du système Delvigne amenèrent la proposition de M. Thouvenin, de visser dans la culasse une tige sur laquelle devait se forcer la balle. Ce mode de forcement exigeait l'étude d'une nouvelle balle. M. Minié proposa de remplacer la balle ronde par une balle d'une autre forme, indiquée en 1830 par M. Delvigne. Cette balle était allongée et d'une forme conique à sa partie antérieure. MM. Thouvenin et Minié firent l'essai de leur carabine pour la *régler*, et, après de nombreuses expériences en 1845 et 1846, on adopta cette arme qui est devenue la carabine actuelle des chasseurs à pied, *modèle* 1846.

Fusils rayés à tige.

La carabine de 1846, arme essentiellement bonne et portative, d'une grande justesse et d'une grande portée, fit concevoir l'idée d'étendre l'armement rayé à toutes les troupes.

On commença vers 1847 l'étude des fusils rayés; ils devaient avoir une tige et la même balle que celle de la carabine. Des expériences faites dans quelques régiments d'infanterie et à l'école de tir amenèrent l'adoption du fusil rayé à tige donné en 1852 aux trois régiments de zouaves.

Fusil rayé de la garde impériale, modèle 1854.

Les balles oblongues avaient subi en 1846 la modification des cannelures. — Les expériences poursuivies sans relâche, amenèrent M. Minié à proposer une balle se forçant sans le secours de la tige, par le seul fait de l'explosion des gaz; sa première balle évidée, dite à *culot*, donna de bons résultats en 1849. — Sa deuxième balle, *évidée sans culot*, était plus simple et amena au fusil rayé de la garde, dont deux modèles ont été établis en 1854, l'un pour les grenadiers, l'autre pour les voltigeurs, d'après les dimensions totales des fusils d'infanterie et de voltigeurs 1822. — Ces progrès devaient conduire à l'adoption de l'armement rayé pour toute l'armée. Cette adoption a été décidée par le décret impérial du 26 avril 1857.

QUINZIÈME LEÇON.

Résumé historique des essais sur la forme des projectiles.

La balle ronde avait été la seule en usage jusqu'au mode de chargement Delvigne. Cependant on doit signaler en 1729 une balle de forme elliptique présentant une cavité en arrière, proposée en 1729 en Russie. En 1800, en France, proposition d'une balle cylindrique terminée en avant par une surface arrondie et présentant en arrière une cavité. En 1830, M. Delvigne proposa une balle allongée, étudiée en 1842 sous le nom de balle primitive oblongue Durant les expériences de 1838 et de 1841 M. Thierry proposa une balle cylindrique sphérique présentant en arrière un évidement. Vinrent les balles à cannelures, 1846; balles évidées à culot, 1849; balle évidée sans culot, de M. Faucompré et du commandant Minié; la balle évidée de la garde, 1854, et la balle de 1857. Beaucoup de formes proposées ont été rejetées comme impropres au service.

Balles du commandant Nessler.

Dans le sens pratique, M. le commandant Nessler a donné une première *balle à clou* dans laquelle se fixait une pointe de Paris. Ce clou avait pour but d'améliorer le trajet de la balle, et on obtint à Vincennes, avec cette balle, une justesse plus grande qu'avec la balle sphérique.

Ensuite M. Nessler proposa sa balle évidée à *téton* dite *balle Nessler*, laquelle a reçu une consécration historique par son emploi dans la guerre de Crimée. La balle Nessler donnait, dans les canons lisses, où elle se forçait par la base de l'évidement, une bonne justesse jusqu'à cinq cents mètres.

Enfin, en 1857, le commandant Nessler a donné la balle à évidement pyramidal triangulaire, laquelle est propre à toutes les armes rayées sans tige.

Eléments sur lesquels doit porter l'étude des armes rayées.

Le mode de forcement; le calibre de l'arme; la longueur du canon; le calibre de la balle, son poids et sa forme antérieure; la charge; la cartouche; l'inclinaison des rayures, leur sens, leur nombre, leur forme, leur profondeur et leur largeur.

Système Delvigne pris pour base des expériences. — Modifications.

L'arme s'encrassait rapidement; la balle aplatie par la baguette contre le ressaut de la chambre à *fraisure tron conique*, s'allongeait dans cette chambre et y refoulait la poudre, outre qu'elle sortait du canon toute déformée. Le sabot en bois de la cartouche Brunéel, qu'on expérimentait vers la même époque 1837, fut adapté au système Delvigne, et para à cet inconvénient. Pour parer à l'encrassement et le rendre plus onctueux, on adapta au sabot un *calepin* de serge graissé. Ces deux dispositions permirent de faire la chambre à *ressaut brusque*.

Effet de l'applatissement des balles rondes.

La balle, dès-lors aplatie dans le sens perpendiculaire à l'axe du canon, eut, dans les expériences de tir, une augmentation de justesse. La cause de cet effet se déduit d'un principe de mécanique par lequel il est démontré : qu'entre tous les axes autour desquels peut tourner un corps, il en est un qui est *le plus petit* et auquel on donne le nom d'*axe du plus grand moment d'inertie* autour duquel le mouvement de rotation paraît le plus *stable*.

Résumé des expériences de 1833 et 1834.

Elles donnèrent lieu de reconnaître : 1° que,

pour avoir une grande justesse de tir, il faut imprimer à la balle un mouvement *régulier* de rotation autour de l'*élément* prolongé de la trajectoire, ce qui s'obtient par les rayures. 2° Qu'il y a une *relation* entre la *portée* et la *justesse* d'une arme, et que toute cause qui tend à influer sur la portée influe aussi sur la justesse. 3° Que la charge de poudre doit être moindre pour les armes rayées que pour les armes lisses; cette charge ne peut varier beaucoup sans changer beaucoup les résultats (1). 4° Que la longueur du canon doit être moindre pour les armes rayées que pour les canons lisses (2). 5° Que l'in-

(1) D'une part, le forcement supprime le *vent*; il n'y a plus déperdition de gaz et il en faut moins pour pousser le projectile. D'autre part, la balle sortant du canon, comme une vis de son écrou, passerait à travers les rayures si la vitesse initiale était trop brusque et trop grande, effet que produirait une trop forte charge; dès lors la rotation n'aurait plus lieu dans le sens des rayures. La diminution de moitié de la charge ordinaire, admise pour les armes portatives rayées, a fait disparaître l'action nuisible et fatigante du recul, outre l'avantage d'économiser la poudre.

(2) Il a été expérimentalement reconnu que plus le trajet de la balle dans le canon était long, plus la portée était di-

clinaison des rayures peut *varier* dans certaines limites sans altérer la justesse du tir (1). 6° Que la justesse du tir augmente avec la réduction du nombre des rayures (2).

Inconvénients des armes rayées à chambre.

En premier lieu le ressaut de la chambre était dégradé par la baguette et, en second lieu, le remède apporté par le sabot en bois et le cale-

minuée, puisque la balle, ne sortant pas librement éprouve un grand frottement contre les parois. D'un autre côté il a été reconnu qu'une longueur de canon de 0m,76 suffisait pour imprimer à la balle le *pas des rayures;* mais comme il fallait que l'arme servît d'arme défensive et eût une certaine longueur, on a laissé au canon de la carabine à tige de 1846 une longueur de 0m92. Il a fallu aussi laisser au fusil rayé à tige donné aux zouaves, ainsi qu'aux autres fusils rayés de l'infanterie, la longueur de canon que comporte la formation sur deux rangs des corps de l'infanterie.

(1) Les expériences ont donné même portée et même justesse pour les pas de vis entre 1, 50 et 3 mètres.

(2) Exemple la balle elliptique des Anglais, dite balle à ceinture. Le canon a deux rayures.

pin de serge graissé rendaient la cartouche trop compliquée.

Proposition de M. Thouvenin, carabine à tige.

M. Thouvenin, officier d'artillerie, proposa de remplacer la culasse à chambre par une *tige* en acier, *vissée* dans la culasse, pl. V, fig. 2, et contre laquelle la balle serait aplatie et forcée par la baguette.

Balle cylindro-conique de M. Minié.

Proposée vers 1830 par M. Delvigne, reprise et modifiée par M. Minié. (Il fallait pour la tige une autre forme de balle que la balle ronde.) La balle portait à sa partie cylindrique une gorge destinée d'abord à recevoir un fil graissé pour nettoyer les rayures. Ce fil, diminuant la justesse, avait été supprimé et on avait laissé subsister la gorge, en graissant le papier de la cartouche.

Expériences de 1845 et 1846.

La commision nommée pour étudier les éléments de la nouvelle carabine s'enquit de la cause qui donnait une grande justesse à la balle cylindro-conique à gorge. Cinq sortes de balles de même calibre, mais de diverses hauteurs, cylindriques et sans gorge, furent tirées et donnèrent des résultats de tir inférieurs à ceux de la balle *cylindro-conique* dite *primitive*. Pl. 5, fig. 3.

Explication de l'objet des cannelures.

M. Tamisier démontra que la gorge ou cannelure augmentait, sur la partie cylindrique, la résistance de l'air par un développement de surface. Ce fait ramenait en arrière le point d'application de la résultante des forces extérieures qui agissent sur la balle. Ce point d'application étant plus rapproché du centre de gravité, la balle était mieux maintenue dans le sens de l'élément correspondant de la trajectoire. Ainsi, pl. V, fig. 4, si la résistance de l'air tend à pousser la balle de gauche à droite, vers la partie antérieure, le développement des cannelures fera que la partie postérieure de la balle rencontrera à gauche une plus grande résistance de l'air et que la balle sera maintenue selon l'axe de direction, et *vice-versa*, si la poussée venait en sens contraire. Le même fait ne saurait se présenter à l'égard de la balle sans cannelures. D'après l'explication de M. Tamisier, il n'y eut plus qu'à déterminer expérimentalement le nombre et la largeur des cannelures pour établir la balle oblongue des chasseurs à pied.

Tracé de la balle oblongue.

Deux parties, pl. V, fig. 5, l'une cylindrique de 10^{mm}, l'autre conique de 19^{mm}; hauteur totale 29^{mm}. 3 cannelures de 0^{mm}7 de profondeur; calibre 17^{mm},2 poids 49 grammes; pointe arrondie en arc de cercle. La baguette est fraisée selon la forme de la balle.

SEIZIÈME LEÇON.

Explication de la dérivation des balles donnée par M. Tamisier.

Durant le cours des expériences de 1845 et 1846, il fut remarqué, dans les tirs par les temps calmes, que la balle déviait dans le sens des rayures, c'est-à-dire à droite si le canon était rayé de gauche à droite, et à gauche si le canon était rayé de droite à gauche. Ce fait porte le nom de *dérivation*. Et comme on épaule à droite, deuxième cause de déviation à droite, on en concluait qu'il fallait de préférence rayer de droite à gauche (1).

Cependant, dans le tir des balles creuses de 1857, pesant 32 grammes, on a négligé le fait de la dérivation, à tel point que les canons du fusil rayé, modèle 1842 transformé, ont le sens des rayures de gauche à droite. Le mouvement de rotation a donc lieu de gauche à droite, et, comme cette balle est légère, il est possible que l'on ait considéré que la résistance de l'air était plus grande du côté où se manifestait le mouvement qui l'ébranlait. Cette plus grande résis-

(1) Dans son remarquable mémoire *des effets de la rotation de la terre sur le mouvement des projectiles*, M. le comte Paul de Saint-Robert, major dans l'artillerie sarde, conclut ainsi : « On voit donc qu'il serait préférable de rayer les canons des armes à feu dans un sens opposé ou de *droite à gauche* ; alors la déviation, produite par la rotation du projectile, aurait lieu vers la gauche, et serait diminuée par les déviations dues au mouvement de la terre et du tireur. »

tance de l'air à droite doit porter le mobile vers la gauche et compenser par là le fait de la dérivation tendant à la porter à droite.

Fusil rayé à tige et à balle oblongue.

Etudié après la détermination de la carabine à tige de 1846. Cette arme présentait comme inconvénients : l'emploi d'accessoires trop nombreux et trop lourds; l'incommodité de la tige pour laver le canon; l'augmentation du coût de l'arme; la transformation de la baguette et l'addition de la hausse. Le chargement et la difficulté de décharger les armes étaient encore au nombre des inconvénients.

Balle évidée à culot.

Dans le cours des expériences, en 1849, M. Minié présenta sa balle à *culot,* laquelle supprimait de fait la tige dans le fusil d'infanterie rayé. L'emploi de cette balle reposait sur un ***nouveau principe*** de forcement. Par l'action même des gaz, l'appendice en tôle de fer ou culot, placé à l'entrée de l'évidement, forçait le plomb à pénétrer dans les rayures (pl. V, fig. 7).

Les accessoires redevenaient les mêmes que ceux du fusil d'infanterie ordinaire. Le poids de la balle, avec son culot, était de 49 grammes plus 5 grammes de charge. Son calibre était déterminé pour pouvoir être tirée dans toutes les armes existantes.

Inconvénients du culot.

Le culot ne suivait point la balle jusqu'au but; il était projeté à 50 ou 60 pas en avant du tireur. Dans la défense des places, les culots tirés de l'enceinte du corps de place auraent pu blesser ou, pour le moins, inquiéter les défenseurs placés sur le chemin couvert.

Balle évidée sans culot de 1854.

Dans le cours des expériences on s'était aperçu que des balles ayant perdu leur culot avant d'être tirées arrivaient également au but et avaient été forcées par l'action des gaz dans l'évidement. De là une *nouvelle balle évidée sans culot*. On en rechercha une pour les fusils de la garde impériale, dite *balle évidée de la garde*, dont voici le tracé (pl, V, fig. 8) : hauteur 23^{mm},

2 parties; cylindrique 11^{mm}, ogivale 12^{mm}; se coule par la pointe comme la balle à culot; méplat 8^{mm} de diamètre; calibre 17^{mm}2; une cannelure qui part de la naissance de l'ogive et a 4^{mm} de hauteur sur 1^{mm} de profondeur. Evidement: 12^{mm} de hauteur, tron conique en bas et sphérique en haut; poids 36 grammes; charge 4$^{gr.}$ 5.

Accidents distinctifs qui arrivent dans le tir, aux balles se forçant par les gaz.

Outre les expériences faites sur les balles évidées, avec ou sans culot, relativement à leur justesse et à leur portée, la Commission relata trois sortes d'accidents distinctifs : 1° la balle, avec ou sans culot, peut se partager en deux par une *rupture* faite dans la partie cylindrique, ce genre prend le nom de *lunette* (pl. V, fig. 9); son signe distinctif est le *biseau* que présente la partie cylindrique. 2° Lorsque la partie détachée par la rupture est déterminée par un plan, cette rupture s'appelle un *anneau* (pl. V, fig. 10). 3° Enfin, la balle est *trouée* d'une façon quelconque par suite de la pression des gaz sur les *soufflures* du plomb. Ce dernier genre prend le nom d'*affouillement* (pl. V, fig. 11).

Causes qui peuvent produire ces trois genres d'accidents.

Les défectuosités du coulage. Si la balle renferme des cavités, il résulte des *affouillements*; si le coulage est fait en deux fois (le plomb se fige très-rapidement), les deux parties du plomb n'adhèrent pas ensemble; il se produit des *anneaux*. Le *culot* tend à prévenir le premier cas en resserrant les pores du plomb et à faciliter le deuxième. Quant aux *lunettes* elles proviennent d'un trop grand forcement dans la partie cylindrique. Les anneaux et les lunettes ont de grands inconvénients pour l'usage de l'arme en ce que, lorsqu'il reste du plomb engagé dans les rayures, il faut déculasser l'arme chez l'armurier.

Circonstances qui tendent à prévenir la production des accidents des balles évidées.

1° Par un *meilleur coulage* et un *refroidissement plus égal*, on peut prévenir les *soufflures* qui produisent les *affouillements*, ainsi que les *anneaux*. Le culot tendait à produire les *anneaux* et à préserver des *lunettes*; car il rendait le *forcement* moins instantané et moins énergique. 2° Par l'*uniformité des rayures*, le frottement de la balle reste uniforme. 3° Ensuite le peu de poids de la balle exige peu de force pour vaincre son inertie et produire son déplacement ; en effet, la charge étant la même, un projectile léger aura parcouru un petit espace dans le canon et le forcement qui aura lieu sera moins énergique, c'est-à-dire moins subit, *et il y aura moins d'arrachements produits dans des balles légères.*

DIX-SEPTIÈME LEÇON.

Programmes successifs donnés à la commission de 1856.

L'armement rayé, donné à l'infanterie de la garde impériale, devait conduire à l'armement rayé pour toutes les troupes. La commission reçut du Ministre de la Guerre un programme pour la détermination expérimentale d'une nouvelle balle remplissant les conditions de *forcement* et de *résistance à l'arrachement*. Le programme fut encore augmenté relativement à la réduction du poids de la balle à déterminer. La balle devait se *forcer* dans plusieurs calibres de 17mm6 à

18^{mm}4 et le poids de la cartouche de la nouvelle balle ne devait point dépasser celui de l'ancienne cartouche pour canons lisses.

Considérations spéciales sur ces programmes.

L'ensemble des épreuves qui ont eu lieu pendant dix-huit mois a conduit à deux sortes de résultats : les *uns* sont relatifs au *tir* même des balles creuses ; les *autres* se rapportent aux *formes* et aux *dimensions* de l'évidement.

Ainsi la *forme* doit être considérée à *deux* points de vue : à celui de *forcement* et à celui de la *résistance à l'arrachement.*

Les meilleures dispositions à prendre à un point de vue sont contradictoires pour l'autre, et la question était en outre rendue aussi compliquée que possible par les conditions du *forcement* dans plusieurs calibres et du *poids* de la nouvelle balle ne devant point dépasser 32 grammes.

Résultats des expériences relatives, 1° aux évidements; 2° aux cannelures; 3° aux rayures.

1° Aux *évidements*. Pour satisfaire aux diverses exigences on est arrivé à donner aux évidements, pour la balle dite de 1857, des formes très-bizarres afin de leur donner des parties *faibles* et des parties *fortes*, mais en conservant entre elles des relations qu'on ne peut dépasser.

2° Aux *cannelures*. La Commission conclut que la balle évidée pouvait se passer de cannelures, mais qu'il valait mieux les conserver pour la justesse du tir.

3° Aux *rayures*. Enfin on s'assura que, pour le tir des balles creuses, il valait mieux employer des *rayures uniformes* peu profondes que des *rayures progressives* et d'une profondeur assez grande. Des expériences faites sur une grande échelle amenèrent la commission à proposer, pour le tir des balles *creuses* avec ou sans culot, des rayures uniformes de $0^{mm}2$, sans tolérance au-dessous, avec légère tolérance en sus.

Tracé de la balle dite de 1857, présentée par le commandant Nessler (pl. 5, fig. 12).

Extérieur, partie cylindrique $9^{mm},5$, ogivale 11^{mm}, longueur totale $20^{mm},5$, calibre $17^{mm},2$, méplat 6^{mm}, 2, rayon de l'ogive 16^{mm} (1), gorge : bord inférieur à 4^{mm}, 3 de la base, hauteur 3^{mm}, 2, intérieur 2^{mm}, 5, profondeur 0^{mm}, 8.

Intérieur.

Evidement pyramidal triangulaire, ayant ses arêtes coupées, chanfrein indispensable de 4^{mm}, ouverture 15^{mm}, 2, épaisseur à la base 1^{mm}. Quant aux autres parties intérieures, les forces et les arêtes vont en s'arrondissant de façon à concourir au point qui est le fond de l'évidement, distant de la base de 14^{mm}.

Conclusions relatives au tracé intérieur.

L'évidement remplit bien les conditions générales relatives au *forcement* et à la *résistance à l'arrachement*. Les parties faibles sont également réparties sur la balle dont le fond est aussi lié que possible avec les parois de l'évidement. La balle se *force* facilement par les parties *faibles* et *résiste* à l'arrachement par les parties *fortes*.

Les accidents des balles creuses atteignent

(1) Le centre de l'arc de l'ogive est situé au raccordement des parties cylindrique et ogivale.

infiniment peu ou point la balle de 1857, sur 50,000 balles tirées au polygone de Vincennes, aucun accident du plomb restant dans les rayures ne s'est produit.

Cartouche de 1857.

Poids de la nouvelle balle 32 g., poids de la charge 4 g.,5. C'est approximativement le poids de l'ancienne cartouche à balle ronde, dont la charge était de 9 grammes. Un carton préserve la poudre du frottement, il se produit moins de pulverin. Un premier papier entoure le carton, et un deuxième graissé vers la base, entoure la balle et le reste de la cartouche. Le carton présente un grave inconvénient: par précipitation ou par inadvertance, il arrive très-rarement il est vrai, que le soldat, chargeant comme avec l'ancienne cartouche, met le carton dans le canon en avant et en même temps que la balle, le coup part, et le carton reste au fond de l'arme; on charge de nouveau et le coup ne part plus; il faut débourrer et il est très-difficile de retirer le carton qui fléchit, échappe au tire-bourre et n'est retiré que par petits morceaux maculés.

DIX-HUITIÈME LEÇON (1).

Fusil modèle 1842 transformé

Longueur du canon des fusils neufs 1842 réduite à 1m, 029, celle de l'ancien fusil de voltigeurs. Cette réduction facilite le chargement dans les rangs et augmente la justesse.

Pour les fusils dits d'infanterie, le canon a été raccourci vers la bouche de 0m,054. Il a fallu déplacer et rebraser le *tenon* et le *guidon;* refaire l'extrémité du *fût;* déplacer le *ressort* de l'embouchoir et boucher l'ancien trou de la goupille. Dans les fusils ainsi raccourcis, la grenadière est restée à la même position à cause de la longueur de la bretelle, et cette boucle n'est plus à moitié distancé entre les deux autres.

Les *baïonnettes* existantes modèle 1822 et modèle 1847 continueront d'être employées avec

(1) Puisée dans l'instruction envoyée par l'Ecole de Tir aux régiments.

les nouvelles armes. Mais il est arrêté en principe que l'on fera des baïonnettes plus longues dont l'allongement compensera la réduction des canons.

Les milieux des *rayures* uniformes partagent l'ame en quatre parties égales, au bout de deux diamètres perpendiculaires, la largeur des rayures est égale à celle des pleins, leur sens est de gauche à droite, leur forme est arrondie, le pas est de 2 mètres.

Hausse fixe.

Est plus haute et plus épaisse que celle des fusils modèle 1842 ; on a placé derrière la hausse fixe, forgée sur la culasse, une pièce en fer de hauteur et d'épaisseur convenables. Elle y est maintenue par *deux rivets* noyés dans le corps de l'ancienne hausse ; mais dont on peut apercevoir les traces au bas de la nouvelle. Les deux corps ont été raccordés par un coup de lime demi-ronde qui a fait disparaître l'ancien cran de mire. La forme *arrondie* donnée au nouveau cran a été préférée d'après l'expérience. Le sommet de la hausse a été arrondi à droite pour ne pas gêner le passage du chien ; le côté gauche a aussi été arrondi aussi pour faire pendant.

Baguette.

La forme en tête de poire de 14mm7 a été aplatie à *clou* à 16mm de diamètre. La balle, terminée par un méplat, est frappée plus concentriquement et d'aplomb dans l'action de bourrer, laquelle doit se borner à deux coups modérés.

Détermination de la hauteur de la hausse fixe.

Cette hauteur a été portée de 7 à 11mm, au-dessus de la culasse, mesure prise par derrière du fond du cran de mire, sans tolérance au-dessous.

Le fusil neuf 1842, avec sa hausse de 7mm, a été tiré avec la cartouche 1857, de 25 en 25 mètres, depuis 50 jusqu'à 300 mètres. Le nouveau but en blanc était situé à 136 mètres; la balle ronde de 16mm7, avec 9 grammes de charge, donnait un but en blanc compris entre 100 et 120 mètres. Pour le fusil rayé, arme de précision avant tout, ce but en blanc était trop rapproché, et dès qu'on se servait d'une hausse *forgée avec la culasse*, mieux valait porter le but en blanc tout d'abord dans les limites ordinaires du combat, vers 200 mètres.

Ce but en blanc choisi, il n'y avait plus qu'à déterminer la hausse qui permettrait d'y atteindre à peu près invariablement; et l'on a reconnu, expérimentalement, qu'il suffisait d'élever l'ancienne hausse forgée des fusils neufs, modèle 1842, de 7 à 11mm. Le but en blanc ainsi obtenu est entre 200 et 206 mètres.

Tracé de la trajectoire.

Expérimentalement on a reconnu : 1° Que jusqu'à 200 mètres, la plus grande hauteur de la trajectoire au-dessus de la ligne de mire est de *neuf centimètres* (1). 2° Qu'au-delà de cette distance, la trajectoire ne s'abaisse au-dessous de la ligne de mire, d'une hauteur de ceinture d'homme, 0mm89 au-dessus du sol, que vers 257 mètres.

3° Qu'à partir de cette distance la trajectoire,

(1) Dans la position ordinaire de *joue*, si l'on suppose la ligne de mire parallèle à peu près au terrain, la balle, dans son trajetentre le tireur et le but en blanc, ne sortira pas du corps de l'homme.

avec la ligne de mire *fixe*, sort du corps de l'homme et que l'on ne peut plus viser qu'au moyen de hausses artificielles.

Mais le chien au cran du bandé s'oppose à ce que le cran de mire soit élevé sur la culasse. On a eu recours, pour viser jusqu'à 600 mètres, au pouce placé comme moyen de mire artificiel à hauteur de la capucine dans la position de joue.

Bien que l'on ait restreint le tir de l'infanterie à la distance unique de 200 mètres, au but en blanc, nous allons donner, pour mémoire, les règles du pouce déterminées dans la pratique du tir.

Règles du pouce (1).

1° A 200 mètres et à toute distance plus petite, viser la *ceinture*.

2° A 250 mètres, viser à *guidon plein* le sommet de la coiffure.

3° A 300 mètres, placer le pouce sur la capu-

(1) Les règles du pouce sont faciles à montrer aux hommes en les expliquant sur le *pouce* même. Dans le tir, il faut avoir attention à ce que le tireur ne raidisse point trop le pouce.

cine et viser la ceinture par la naissance de l'ongle.

4° A 350 mètres, viser la ceinture par un point pris à égale distance de l'articulation du pouce et de la naissance de l'ongle.

5° A 400 mètres, placer le pouce sur la capucine et viser la ceinture par l'articulation.

6° A 450 mètres, viser comme à 400 mètres, en serrant l'articulation pour lui donner plus de saillie au-dessus du canon.

7° A 500 mètres, placer le pouce levé contre la capucine, amener le sommet de l'ongle dans le plan de tir, l'articulation du pouce restant en dessous de la génératrice supérieure (ou du sommet) de la capucine d'environ 4mm, viser la ceinture par le sommet de l'ongle.

8° A 550 mètres, viser comme à 500 mètres, en amenant l'articulation du pouce à hauteur du sommet de la capucine.

9° A 600 mètres, viser comme à 500 mètres, le sommet du pouce dépassant la génératrice supérieure de la *hauteur* de l'étui à poudre de la cartouche.

Tiré jusqu'à 800 mètres, le fusil rayé modèle

1842 transformé a donné de bons résultats comme arme de précision.

Les circonstances provenant des défauts de l'arme sont disparues. Il ne reste plus que les défauts inhérents au tireur, que l'on peut corriger par une bonne instruction, et la résistance de l'air, laquelle ne peut qu'amener des modifications assez minimes dans la justesse comme dans la portée.

Les règles du *pouce* conviendraient comme étude au tirailleur; mais il ne serait pas toujours possible d'en tirer parti pour les feux d'ensemble dans le combat réel; parce que, dans ces circonstances, le commandement de *joue* est forcément suivi de trop près par celui de *feu*.

DIX-NEUVIÈME LEÇON.

CONSIDÉRATIONS SUR LES ARMES DE PETIT CALIBRE.

Objet des armes de petit calibre.

Est de donner à la balle une plus grande vitesse initiale avec la même charge. Une plus grande vitesse initiale donne nécessairement une trajectoire plus tendue, laquelle, en passant plus près du sol, fait que la balle atteint tous les objets situés à hauteur d'homme sur son passage. La tension de la trajectoire conduit également à de plus faibles hausses.

Calibres des armes françaises lisses ou rayées.

Nos armes de guerre à feu portatives ont actuellement leurs calibres compris entre 17mm6, celui du mousqueton de gendarmerie, et 18mm pour le fusil modèle 1842 transformé, avec 0mm9 de tolérance en sus.

Calibre minimum.

17mm6 celui du mousqueton de gendarmerie.

Calibre maximum.

18mm9 celui du fusil modèle 1842 transformé, y compris 0mm9 de tolérance en sus.

Calibre des canons lisses 1822 transformés.

18mm et 18mm5 dont 0mm5 de tolérance en sus.

Calibres des carabines.

Ont été maintenus semblables à ceux des fusils, afin de pouvoir utiliser la balle ronde dans toutes nos armes.

Exception.

Le mousqueton des cent-gardes, calibre de 9mm.

Calibres des armes des puissances étrangères.

Sont inférieurs. Ce qui permet d'utiliser dans nos calibres toutes leurs munitions.

Exception.

La carabine anglaise, dite à ceinture, ou première carabine de M. Lancastre (pl. VII, fig. 12).

Le canon a deux rayures uniformes, ce qui fait que la balle à forme ellipsoïdale ne peut entrer dans le canon que dans le sens des rayures. Elle en sort sans être forcée, et en suivant le pas des rayures.

En général toutes les puissances militaires de l'Europe ont fait des essais et adopté, dans une certaine mesure, les armes de petit calibre.

Leuxième carabine Lancastre.

Surface intérieure elliptique, comme la grosse

carabine. Elle a donné, dans les expériences faites à Vincennes, de bonnes portées de justesse jusqu'à 1300 mètres.

Balle.

Légèrement évidée, sans cannelures, terminée par une ogive de petit rayon : hauteur totale 27mm, calibre 12mm6, poids 28gr.5, profondeur de l'évidement 6mm5, charge 5 grammes. Cette arme est d'une construction trop délicate pour être employée généralement en campagne.

Armes rayées adoptées en Angleterre.

La grosse carabine Lancastre et un fusil rayé fabriqué à Enfield, de 14mm8 de calibre. Longueur du canon 0m99, rayures 3 de gauche à droite, pas de 2 mètres, largeur des rayures 6mm, profondeur 0mm5 *uniforme;* balle cylindro-conique de 14mm, vent 0mm8, poids 34gr.6, charge 3gr.6. A Vincennes ce dernier fusil a donné de meilleurs résultats que la carabine française sans tige.

Avantages des armes de petit calibre.

Sont de donner une plus grande portée et une

plus grande tension de la trajectoire. Ces résultats dépendent surtout du rapport qui existe entre le poids de la charge et celui de la balle. Plus ce rapport augmente, plus la vitesse initiale est grande et, partant, la portée ainsi que la justesse.

Questions posées dans la recherche des armes de petit calibre.

La première est de savoir quel est le calibre que l'on doit adopter. La deuxième est de connaître ses avantages sur les calibres déjà admis. Ces deux questions sont à l'étude.

Inconvénients des petits calibres.

En diminuant trop le calibre des armes de guerre le soldat introduirait plus difficilement la cartouche dans le canon et perdrait de la poudre; ensuite les dimensions des accessoires présenteraient des difficultés qui ne pourront disparaître qu'en chargeant les armes par la culasse.

Limites dans lesquelles doivent être compris les petits calibres.

Les Anglais ont adopté 14mm8, les Prussiens 15mm2. D'après les considérations sur les armes se chargeant par la bouche, le calibre devrait se trouver compris entre 12 et 15mm. Plus petit que 12mm le chargement deviendrait difficile, surtout par l'*onglée*. Plus grand que 15mm, les armes adoptées par la Prusse et l'Angleterre auraient des portées supérieures aux nôtres.

VINGTIÈME LEÇON.

DES ARMES SE CHARGEANT PAR LA CULASSE.

Origine des armes se chargeant par la culasse.

Elle remonte à l'invention des armes à feu. Lorsqu'on ne connaissait point encore l'usage de la baguette, la charge se mettait dans une boîte qui était ensuite reliée avec un tube ou volée servant à donner une direction au projectile.

Fusil à la Chaumette. — Amusette du maréchal de Saxe.

Sous Louis XV, M. de la Chaumette proposa un fusil se chargeant par la partie supérieure du tonnerre, d'où le nom de fusils à la *Chaumette*. L'*amusette* du maréchal de Saxe était un perfectionnement du fusil à la Chaumette. Ces armes devaient être spécialement destinées à la cavalerie, vu que le maniement de la baguette est très-difficile au cavalier. Mais l'ajustement du mécanisme était vicieux; il en résultait des crachements qui fatiguaient le tireur et des détériorations fréquentes qui en faisaient une arme peu sûre. On y renonça.

Division en trois groupes (pl. VIII, fig. 1, 2 et 3).

Le premier comprend les armes se chargeant par une ouverture pratiquée à la partie supérieure du tonnerre. Tel est le fusil de rempart modèle 1831.

Le deuxième comprend celles se chargeant par l'ouverture même du tonnerre. Tels sont les fusils Robert, Lefaucheux et le mousqueton des cent-gardes de M. le colonel Treuille de Beaulieu.

Le troisième groupe comprend les armes se chargeant par l'ouverture pratiquée entre le tonnerre et le canon. Tels sont les révolvers.

Révolvers.

Armes de défense personnelle, à un seul canon fixe ouvert et à plusieurs chambres mobiles chargées d'avance, se présentant et s'adaptant successivement au canon, en tournant sur un barillet. Leur application a été introduite en 1835 par le colonel américain Cult.

Cartouches spéciales.

Les joints du mécanisme sont précisément situés à l'endroit où s'opère l'explosion des gaz. Avec les cartouches ordinaires l'encrassement était rapide et les fuites de gaz gênaient le tireur. Il a fallu recourir à des cartouches munies d'*obturateurs*.

Obturateur.

Consiste en un culot en *laiton* ayant la forme d'un dé à coudre; lequel culot contient la charge et est placé au fond du canon. L'expansion des gaz fait élargir ou dilater le dé qui s'applique alors contre les jointures du mécanisme, les ferme et rend toute fuite de gaz impossible. Chaque cartouche est munie de son obturateur que l'on retire après le coup parti.

Communication du feu.

Dans le fusil Lefaucheux et dans le mousqueton des cent-gardes, le chien a été remplacé par un *marteau-ressort*. Le dé en laiton et la cartouche sont traversés dans le système Lefaucheux par une petite tige en laiton dont l'extrémité inférieure touche à une petite capsule de chasse contenant le fulminate. Lorsque le chien ou marteau s'abat, il frappe la tige ou fil de laiton, lequel, poussé par un coup sec sur le fulminate, le fait éclater, d'où la communication du feu à la charge.

Mousqueton des cent-gardes.

Mécanisme dû à M. Treuille de Beaulieu; la cartouche à obturateur à M. Gévelot; le chien ou marteau-ressort est placé en dessous, du côté de l'écusson; la culasse est formée par une plaque à tiroir, laquelle ferme le tonnerre de bas en haut au moment où le coup part. Le canon est progressivement rayé au pas de 0m75, la balle *pleine* et oblongue a 19mm5 de longueur et deux cannelures; son poids est de 11gr.40; son calibre de 9mm5. Le calibre du canon est de 9mm; la charge est de 2 grammes. La justesse et la portée de cette arme sont dues surtout à la vitesse initiale de la balle qui est lancée par une charge très-forte relativement à son poids. Les expériences ont montré que le ressort pouvait supporter un très-grand nombre de coups sans casser; que l'obturation du tonnerre était complète; on a exécuté des feux de nuit pour s'en assurer. Cette arme est d'un bon service; mais sa construction est trop délicate pour qu'on puisse généraliser son emploi à la guerre. Le mousqueton des cent-gardes a un tenon près de la bouche pour tenir leur épée qui s'y adapte.

Avantages des armes se chargeant par la culasse.

Forcement facile, chargement et tir rapides. Le fusil Lefaucheux donne une rapidité de tir de six coups à la minute, le fusil Robert de dix coups et le mousqueton des cent-gardes donne un tir encore plus rapide, puisqu'on peut charger, tirer, recharger et continuer le feu sans que le mousqueton quitte l'épaule droite,

Leurs inconvénients.

Résultent de ces mêmes avantages trop grands. Car il est matériellement impossible au tireur de pouvoir porter assez de munitions pour alimenter le feu de son arme pendant seulement vingt minutes. Les transports ordinaires de l'artillerie deviennent ici insuffisants pour approvisionner et remplacer les munitions de réserve trop vite épuisées. Les chemins de fer et la navigation à vapeur ont, il est vrai, modifié tous les rapports stratégiques. Cette question de progrès n'a pas encore été traitée à fond et l'on considère toujours les transports comme devant être effectués dans des localités dénuées de voies ferrées et de communications maritimes. Enfin, on ne peut se servir de balles creuses dans les armes se chargeant par la culasse, parce qu'elles s'élargiraient en même temps et tout autant que l'obturateur. Le départ de la balle serait moins vif étant gêné.

VINGT-UNIÈME LEÇON.

COMPARAISON DES FUSILS D'INFANTERIE DES PUISSANCES ÉTRANGÈRES AVEC LES FUSILS DE L'INFANTERIE FRANÇAISE SOUS LES RAPPORTS :

1° Des dimensions et du poids.

La longueur totale est à peu près la même pour tous les fusils. Sauf le fusil suédois, lequel dépasse de 11 centimètres la moyenne générale. Les fusils : anglais, suisse, espagnol et napolitain restent au-dessous.

Le canon sarde est plus long que le nôtre, les autres sont plus courts. La couche est plus longue chez les puissances du Nord, où les hommes sont plus grands. Notre calibre est plus grand et permet d'employer toutes les munitions, sauf celles de la carabine à ceinture des anglais.

En général les puissances du Nord ont des armes plus lourdes.

2° De la disposition de la lumière.

La Russie a imité notre fusil modèle 1842. Mais dans l'adoption du système à percussion, toutes les puissances n'ont point soudé une masselotte en acier au canon, pour recevoir le canal de la lumière et la cheminée. Ainsi la plupart soutiennent la lumière par un appendice latéral qui la porte à droite du pan de droite du tonnerre. De cette façon le chien reste droit, mais la capsule est plus éloignée de la poudre. Dans le fusil anglais l'appendice est assez bien supporté. Dans le fusil danois le canal de la lumière fait un coude, ce qui nécessite l'emploi d'une vis horizontale que l'on dévisse pour nettoyer; il faut frapper l'arme pour faire descendre la poudre dans le canal, il y a de fréquents ratés.

En Prusse, l'appendice est brasé au lieu d'être soudé.

L'Autriche a adopté la platine dite à console. Il n'y a point de cheminée sur le canon. La capsule est remplacée par une étoupille fulminante, placée dans l'ancien bassinet, lequel est recouvert par une sorte de piston maintenu par un ressort extérieur placé sous le bassinet. Le chien ou marteau non évidé, frappe sur ce piston, lequel écrase l'étoupille. Le ressort fait remonter le piston dès qu'on relève le chien.

Dans les armes neuves on a adopté généralement la capsule à chapeau.

3° Du pointage.

Généralement le pointage consiste partout en une petite hausse fixe et un guidon brasé sur le canon. Sauf en Danemarck, où la visière est fixée par une vis et le guidon brasé sur l'embouchoir.

4° De la platine.

Le système à chaînette est généralement adopté avec un ou deux ressorts. Les anciennes armes ont encore à peu près notre ancienne platine.

5° De la monture.

Le bois de noyer est presque le seul employé, sauf chez les puissances du Nord, où l'on emploie le hêtre rouge (Danemarck et Suède) et le bouleau noirci (Russie). La joue saillante à la crosse a été conservée.

6° Des garnitures.

Le mode d'attache a généralement lieu par nos trois boucles, sauf chez les Anglais et les Danois où l'on a adopté le système à *tiroir*. Dans ce système, qu'ont la plupart de nos fusils de chasse, le canon a des *chinoises* ou rectangles vides traversées par des *tirettes* ou chevilles qui passent dans le bois.

7° De la baguette.

Plus lourde que les nôtres, vu que le petit bout est taraudé intérieurement. C'est-à-dire que le tire-balle se visse en dedans au lieu de se visser sur l'extérieur.

8° De la baïonnette.

Mode d'attache à ressort en Angleterre, Prusse, Autriche et Danemarck; ailleurs à 3 fentes et à virole comme chez nous.

9° Des accessoires et des munitions.

Chez quelques puissances, le tourne-vis, la

clé de cheminée, le chasse-goupille et même l'épinglette sont comprises dans une seule pièce à trois branches. Ce système est plus commode que notre boîte en fer de tôle ou nécessaire d'armes. Mais il est aussi plus embarrassant et ne peut se placer facilement dans la giberne. Quant aux munitions, la plupart sont mieux soignées que les nôtres; mais aussi elles ne peuvent être confectionnées par le premier venu et de prime-abord.

Comparaison entre les armes carabinées.

Dans les armées étrangères les carabines sont données à des hommes destinés à agir exclusivement en tirailleurs. Nos bataillons de chasseurs doivent agir en troupe aussi bien qu'isolément; d'où le système de nos carabines doit être moins compliqué et d'un usage plus facile.

Les carabines étrangères sont en général plus épaisses et plus courtes que la nôtre; elles ont des rayures plus profondes, l'épaisseur diminue le recul et rend les faussements du canon moins nombreux, mais elle n'influe nullement sur la justesse. Leur mode d'attache du canon à la monture est en général très-solide et à tiroir.

Dans la plupart des carabines, il est des dispositions qui permettent de s'assurer que l'arme ne peut faire feu qu'à la volonté du tireur; ainsi dans la carabine sarde est une roue dentée qui fait saillie à la platine et qui fait mouvoir un système qui arrête le ressort. Dans la carabine prussienne il y a un couvre-cheminée, et dans celle des autres puissances un *arrête-chien*. Enfin, chaque carabine étrangère porte une boîte, ménagée dans la crosse, laquelle contient les accessoires. Mieux vaut les avoir dans la giberne, et conserver au bois toute sa force.

Considérations sur les feux d'ensemble.

Les tirs individuels à la cible exercent l'homme à tirer juste; dès que l'habitude en a été acquise, on exerce les soldats aux feux d'ensemble, les seuls en usage à la guerre; l'infanterie de ligne étant destinée à opérer par des manœuvres d'ensemble et à agir efficacement par les feux bien nourris de son front de bataille.

Les résultats du tir influent sur les mouvements de tactique.

Si deux troupes, l'une pourvue d'armes de précision et de grande portée; l'autre, pourvue de fusils ordinaires, sont en présence : la première aura avantage de tirer de loin, et la deuxième se rapprochera, même en subissant des pertes, pour ressaisir son avantage à elle, consistant dans un chargement plus rapide et dans un plus grand nombre de feux, choses qui peuvent composer le manque de justesse.

Pour un même nombre de coups le tir individuel est avantageux sur les feux d'ensemble.

Dans le premier cas, le tireur a sa liberté d'action pour charger, viser et tirer à son aise et selon son appréciation des distances. Dans le deuxième cas, il éprouve de la gêne dans le rang et son attention est tenue en suspens par l'attente du commandement, ce qui fait qu'il vise moins bien.

Choses dont il faut tenir compte dans les feux d'ensemble.

1° Du *temps* employé à charger, à viser et à

tirer; 2° de l'*efficacité*, laquelle dépend de la justesse du tir et de la rapidité du chargement; 3° la *justesse* dépend elle-même de l'éloignement et des dimensions du but, de l'à-propos du commandement, de la manière dont celui qui le fait apprécie la distance (la surface du sol n'étant point toujours unie comme sur un terrain ordinaire de manœuvres ou de tir); 4° de la *fumée* qui empêche de voir le but après les premiers coups, etc.

La vitesse du tir.

Est le nombre de balles tirées en 1', le § 51 de l'école de peloton donne cette vitesse à raison de trois coups par minute, et elle n'est guère dépassée dans les exercices et reste en-dessous dans le combat.

L'effet utile du tir.

Est représenté par le nombre de balles ayant atteint le but. Dans le tir à la cible le relevé des 0/00 donne l'effet utile.

Durée des feux : 1° de peloton, de demi-bataillon ou de bataillon.

Est mesurée par le temps compris entre le commandement de feu et le roulement pour faire cesser le feu.

2° De deux rangs.

Comprise entre le commandement de : Commencez le feu et le roulement qui le fait cesser.

3° De tirailleurs.

Depuis le commandement de : Commencez le feu, jusqu'à celui de : Cessez le feu. Ces commandements sont transmis par des batteries de tambour ou par des sonneries de clairons.

Expériences faites à Vincennes sur les feux d'ensemble.

Elles ont servi à constater que le fusil d'infanterie l'emportait sur le fusil rayé à tige par la rapidité du chargement. La carabine reste à hauteur; son peu de longueur compense la difficulté du forcement. L'effet utile de la carabine a été reconnu plus grand que celui du fusil à tige.

Les feux de tirailleurs l'emportent sur les feux de deux rangs, ces derniers sur les feux de peloton. En général ces feux sont entre eux comme les nombres 2, 3 et 4. C'est-à-dire que 2 hommes tirant en tirailleurs pendant un temps donné, par exemple 2 minutes, mettront autant de balles dans la cible que 3 hommes exécutant le feu de deux rangs pendant le même temps et à la même distance, et que 4 hommes exécutant pareillement le feu de peloton.

Classement des balles d'après l'effet utile ou résultat de tir.

Ainsi : la balle à culot, la balle oblongue pleine, la balle évidée de la garde et la balle à évidement pyramidal triangulaire de 1857. Cette dernière balle est préférable aux autres balles évidées, parce qu'elle ne donne pas lieu aux accidents des balles (pl. VII, fig. 5, 6 et 7). La balle oblongue n'est quelquefois (très-rarement) point forcée du tout comme après la fig. 2.

Pénétration des balles.

Distances.			Matières.	Pénétration.
Tir à	50	mètres.	Chêne.	0^m,080
id.	100	id.	id.	0 ,065
id.	200	id.	id.	0 ,045
id.	300	id.	id.	0 ,027
id.	400	id.	id.	0 ,018
id.	600	id.	id.	0 ,008

La pénétration est double dans le bois blanc.

Distances.			Matières.	Pénétration.
Tir à	50	mètres.	Terre argil[se] rassise.	0^m,27
id.	100	id.	id.	0 ,22
id.	200	id.	id.	0 ,15
id.	300	id.	id.	0 ,11
id.	400	id.	id.	0 ,08
id.	600	id.	id.	0 ,04

La pénétration est double dans les terres nouvellement remuées, à moins qu'elles ne soient graveleuses.

Aplatissement.

Dans la terre ou dans l'eau, la balle s'aplatit

d'autant plus qu'elle a une plus grande vitesse. Ainsi, à 25 mètres, la pénétration dans la terre argileuse rassise est de 0m,25, tandis qu'elle est de 0m,27 dans le tir à 50 mètres. Cet effet provient de l'aplatissement, lequel est encore mieux appréciable dans l'eau, peu compressible de sa nature.

Les données qui précèdent se rattachent à l'ancienne balle ronde.

VINGT-DEUXIÈME LEÇON.

DE LA POUDRE.

Renseignements historiques sur l'origine de la poudre et son premier emploi dans les armes à feu.

Le moine anglais Roger Bacon avait donné la composition de la poudre en 1260, vers le temps des Croisades. En 1280 un moine de Fribourg, Berthold Schwartz, de l'ordre de Saint-Augustin, ayant placé de la poudre dans un mortier, le feu prit à la composition et le couvercle fut projeté au loin. En répétant plusieurs fois cette expérience, le moine allemand avait inventé les bouches à feu, dont les premiers emplois sont signalés en 1340 au siége du Quesnoy, en 1346 à la bataille de Crécy, en 1453 au siége de Constantinople, par Mahomet II; enfin, au quinzième siècle, l'usage de la poudre était connu dans toute l'Europe.

Composition de la poudre de guerre, et son dosage.

La poudre de guerre se divise en poudre à canon et en poudre de mousqueterie, à l'usage des armes portatives. Le dosage ou composition a été fixé ainsi par l'expérience : 75 parties de *salpêtre*, appelé quelquefois *nitre*, *nitrate* ou *azotate de potasse*, 12,5 parties de soufre et 12,5 parties de charbon. Ce dosage porte les gaz obtenus par la combustion de la poudre à leur maximum de volume et d'intensité.

Le salpêtre ou azotate de potasse ou nitre.

Est un sel blanc, transparent, d'une saveur piquante et un peu amère; il est plus soluble (action de se dissoudre ou de se fondre dans l'eau) à chaud qu'à froid.

Chacune des parties qui composent la poudre a besoin de préparations : ainsi, il faut fabriquer le charbon, obtenir le salpêtre et le raffiner et préparer le soufre.

Préparation du salpêtre.

Le salpêtre se trouve mêlé à d'autres matières dont il faut le dégager par une première opération qui constitue le *lavage*. Le salpêtre se fond dans l'eau et se trouve ainsi séparé des substances terreuses ou autres qui ne se fondent pas. Une deuxième opération, le *saturage* des eaux de lavage, sépare le salpêtre des sels étrangers. Troisième opération, l'*évaporage*, consiste à faire évaporer les eaux, et le salpêtre reste au fond en cristaux. La quatrième opération est le *raffinage* en poudre fine qui le rend propre à la fabrication de la poudre.

Action.

Le salpêtre contribue à la déflagration de la poudre; ce sel est décomposé par le charbon qui le convertit, au moment de la combustion, en acide carbonique.

Le charbon.

Doit être léger, sonore et cassant; sa fracture doit être nette et brillante. Il provient de bois tendres et légers tels que peuplier, saule, bourdaine, tilleul, tamarin d'Afrique. Le bois de bourdaine est généralement employé; il doit avoir cinq à six ans d'âge et être dépouillé de son écorce.

Carbonisation.

On allume le bois, et, dès que la masse a atteint une température suffisante, on l'isole de l'air, généralement en le recouvrant de terre. Si l'air pénétrait, il fournirait au bois de l'oxigène qu'il faut au contraire dégager, et la combustion ne laisserait qu'un résidu de cendres, comme quand on brûle du bois en plein air. On pulvérise le charbon.

Action.

Le charbon est celui des éléments de la poudre qui en détermine l'explosion et qui fournit le gaz acide carbonique en décomposant le salpêtre.

Le soufre.

De bonne qualité est d'un beau jaune citron, il craque, se fendille et se rompt quand on le tient dans la main. Sa cassure doit être nette et brillante.

Sa préparation.

Arrive brut de Sicile, est raffiné à Marseille. Le raffinage sert à le séparer des matières étrangères; cette opération se fait en le chauffant dans une chaudière (à 316 degrés) où il se transforme en vapeur rouge (ou se volatilise) que l'on dirige dans une chambre froide, où il se dépose, sur le sol, sous forme de poussière jaune appelée *fleur de soufre.* On chauffe ensuite cette chambre pour fondre cette fleur de soufre (à 108° centigrades) et l'on fait couler le liquide dans des moules ou canons cylindriques, où il se refroidit.

Action.

Le soufre s'enflamme avant le salpêtre et en

provoque la décomposition rapide par le charbon qui détone ou fait explosion.

Fabrication de la poudre : 1° Battage.

Chacune des parties composantes a été pulvérisée à part. — On prend 1 k. 25 de soufre, 1 k. 25 de charbon, on verse sur le premier mélange 1 litre 1/2 d'eau, on remue pendant cinq minutes à la main; on place le tout dans un boisseau, dans lequel on ajoute 7 k. 5 de salpêtre, ce qui fait 10 k. pour la composition de chaque mortier à pilon. — Le battage est limité à onze heures, y compris les échanges et manipulations intermédiaires qui ont lieu d'heure en heure, avec humectation. — Les pilons donnent d'abord de trente à quarante coups par minute et ensuite soixante.

2° Essorage.

Après le battage, la poudre humide a la forme de plaques épaisses dites *galettes*, que l'on fait *essorer* en les exposant à l'air pour leur faire perdre une partie de leur humidité, laquelle s'opposerait à la granulation. L'*essorage* dure de deux à trois jours par un temps chaud, et de quatre à cinq par un temps humide.

3° Granulation.

Après l'essorage, on égrenne. Cette opération a lieu dans des tonnes tournantes ayant des disques garnis de toiles ou cribles métalliques, des gobilles en bois aident à briser les galettes. — Les parties trop tenues et le poussier passent à travers un crible appelé sous-égalisoir, dont les trous sont de 1mm 4 pour la poudre à canon, et de 0mm 6 pour la poudre à mousquet. — La *granulation* peut encore se faire en mettant les galettes ou grumeaux dans des sacs de toile serrée tenant de 2 à 8 kilogr. On lie de près et on roule sur une table devant soi dans le même sens, en resserrant la ligature; en une heure, la poudre est bien grenée.

4° Lissage.

Se fait au moyen d'une tonne tournante dite *lissoir*. En frottant les uns contre les autres les grains s'arrondissent et se polissent, tout en acquérant une certaine dureté si nécessaire pour leur transport. — La poudre sortant du lissoir doit peser au *gravimètre*, mesure équivalente à 1 litre, 860 grammes au plus et 820 grammes au moins, c'est là ce qu'on appelle sa *densité*. — Les grains doivent avoir environ 2^{mm} 1 de diamètre pour poudre à canon, et 1^{mm} 2 pour poudre à mousquet.

5° Séchage.

A lieu par un temps calme et sec, au soleil, sur des tables recouvertes de draps. On étend la poudre par couches de 0^{m} 005 à 0^{m} 007 ; on renouvelle la surface avec un petit rateau, à peu près comme pour le séchage du blé.

6° Époussetage.

Le poussier est séparé à l'aide d'un tamis.

Épreuves. Fusil-pendule.

Se font au moyen du fusil-pendule, composé pl. VIII, fig. 4, d'un canon de fusil, suspendu vers son centre de gravité et portant une aiguille faisant mouvoir un curseur sur une règle graduée. Le recul indique la vitesse. En face du fusil se trouve un pendule-récepteur portant également une aiguille qui fait mouvoir un curseur sur une autre règle graduée. La balle, en frappant le pendule lui imprime une vitesse qu'il communique au curseur. La moyenne sur dix coups, avec un canon de 18mm; une balle de 16mm 7 et une charge de 9 gr. 8, a donné une vitesse initiale de 408 mètres.

Appareil autrichien (pl. VIII, fig. 5).

Un petit mortier est fixé en *e*, le poids *g* fait équilibre à l'appareil; le feu mis à la poudre, l'aiguille se meut de haut en bas sur le cadran et donne, par le nombre des divisions parcourues, la force de la poudre, qui est exigée de 60° pour la poudre à canon et de 80° pour la poudre à mousquet.

Conservation.

Dans des barils contenant de 50 à 100 kilogr., avec doubles barils ou chapes Les barils sont placés dans des poudrières isolées; on met sur les disques le lieu de la fabrication, exemple :

Saint-Chamas; les lettres P. M., poudre à mousquet, ou P. C., poudre à canon, et on ajoute un R si les poudres ont été radoubées.

Radoubage.

Lorsque les poudres contiennent 12 0/00 d'eau et au-dessous, ce dont on s'assure par le gravimètre, on les radoube. — Cette opération comprend un séchage ou un grenage, et même quelquefois un renouvellement de trituration. — Si le gravimètre donne au-dessus de 12 0/00 d'eau, on se contente d'en retirer le salpêtre.

Bonne qualité de poudre.

Se reconnaît par un grain égal, bien dur, dépouillé de poussier; on juge à la vue de l'égalité du grain; de la consistance, avec l'ongle en appuyant dessus; elle ne doit pas laisser de poussier sur la main; allumée sur du papier blanc, elle ne doit laisser aucun résidu et noircir à peine le papier.

Inflammation.

L'élévation de température due au phénomène est évaluée à 2400° ; le dosage a été calculé pour obtenir la plus grande production de gaz possible; la tension de ces gaz est évaluée à 7500 fois la pression atmosphérique.

Fulmi-coton.

S'obtient en faisant tremper pendant une demi-minute du coton dans 10 parties de salpêtre et 6 d'huile de vitriol.

Les poudres brisantes sont d'un mauvais usage; leur action subite réagit dans l'âme des pièces sans presque vaincre l'inertie des projectiles. Ainsi : une pièce chargée avec du fulminate de mercure éclate, donnant peu de vitesse au projectile et beaucoup aux débris.

VINGT-TROISIÈME LEÇON.

DES CAPSULES DE GUERRE ET DES CARTOUCHES.

Fabrication des capsules de guerre.

Elle comprend deux opérations : la première

est la confection des *alvéoles* ou corps de la capsule à chapeau, qui se fait à Paris; la deuxième est le chargement des alvéoles, qui se fait à Montreuil, près Vincennes.

Confection des alvéoles.

Le cuivre rouge du commerce a été laminé et aminci jusqu'à une épaisseur de 1^{mm} et ensuite radouci en le faisant recuire sur un feu très-doux.

Autrefois, la confection était dite à *trois passes*. Un premier balancier découpait les étoiles; un deuxième mécanisme à poinçon les emboutissait pour former la partie cylindro-conique portant sur la cheminée; une troisième opération consistait à rabattre la bordure du chapeau.

Aujourd'hui ces trois opérations sont faites par la même machine, qui débite le cuivre et rend les alvéoles toutes formées. Cette opéracation est dite à *une passe*.

On *décape* les alvéoles dans de l'eau acidulée pour leur enlever la graisse et les autres matières adhérentes au cuivre; puis on les jette dans de la sciure de bois qu'un ouvrier secoue, ce qui achève de les nettoyer. Enfin, on les secoue dans une tonne à *saser* pour leur donner du poli et du brillant.

Dimensions de la capsule.

Hauteur, 6mm 9; diamètre à l'entrée, 5mm 9; au fond 5mm 8; rebord, 10mm 7.

Chargement des capsules.

Se fait avec du fulminate de mercure, mélangé avec 1/3 de salpêtre pour diminuer la vivacité du fulminate.

On emploie une presse et trois outils spéciaux qui sont : 1° la *main à charger*, plaque en fer percée de 52 trous pour 52 capsules à la fois; 2° la *trémie*, servant à charger la capsule, composée de 3 plaques percées de 52 trous. Celle du milieu est mobile et empêche, à un instant donné, les trous de se correspondre. La plaque supérieure reçoit le chargement dans ses trous, l'intermédiaire mobile est remise à sa place et la composition tombe dans les capsules placées sur la main à charger; 3° d'un *conducteur* armé de

52 poinçons qui vont *tasser* le fulminate au fond des capsules.

Vernissage.

Se fait avec une composition de gomme-laque blonde du commerce dissoute dans de l'alcool et qu'on verse dans chaque capsule avec une *pipette*. Les capsules sont ensuite séchées à l'air libre, puis dans une étuve chauffée à 50°.

Fabrication des cartouches.

Opérations : 1° la fonte des balles et leur ébarbement; 2° le coupage du papier et de la ficelle; 3° la confection d'ensemble de la cartouche et son graissage; 4° la confection des sachets de capsules; 5° et le paquetage des cartouches à raison de six cartouches et de huit capsules par paquet.

Ces opérations ont lieu dans des ateliers composés de manière à ce qu'il n'y ait pas de temps perdu dans la main-d'œuvre.

Coulage des balles.

Se fait par la pointe pour toutes les balles creuses; les moules sont en bronze (1). Le plomb est placé en lingots dans une chaudière: on recouvre la surface d'une couche de charbon de bois pilé, pour éviter l'oxydation par le contact de l'air. Le plomb est arrivé à un degré de fusion propre au coulage, lorsqu'il enflamme un morceau de papier qu'on y plonge; on rejette les premières balles dans le bain, comme défectueuses, parce que les moules ne sont pas encore assez chauds.

Leur ébarbage.

Consiste à couper avec des cisailles le jet irrégulier que le plomb, en se figeant, laisse après chaque balle; la coupure du jet laisse sur la balle un *méplat*.

Le coupage du papier et de la ficelle.

Est fait par le chef de l'atelier, d'après les dimensions données.

(1) Alliage de cuivre, d'étain et de zinc.

Dans la confection de la cartouche.

On donne la forme d'un trapèze au papier qui entoure les étuis, parce qu'on obtient ainsi une fermeture en hélice qui augmente la solidité de l'étui; on doit toujours faire déborder le papier par le carton et jamais l'inverse, pour que la poudre ne puisse pas passer entre le papier et l'étui. En règle générale, pour rouler une cartouche, on place la grande base du trapèze à gauche et la hauteur devant soi.

Il y a *deux* espèces de *cartouches :* celles pour le *tir à blanc* et celles à *balles* qui sont à étui. Dans ces dernières il y a deux opérations distinctes : un ouvrier roule l'étui et fait le logement de la pointe de la balle; un autre ouvrier contrôle l'ouvrage du premier et roule la cartouche, la balle comprise.

Les autres opérations consistent à remplir la cartouche et à la plier pour la fermer. On trempe les cartouches une à une dans un bain de graisse fondue sur une longueur de base de 1 centimètre.

Le réglement indique un procédé pour employer le papier en place du carton lorsqu'on en manque.

VINGT-QUATRIÈME LEÇON.

FABRICATION DES ARMES.

Matières.

Le fer, l'acier, le cuivre pour les garnitures de quelques armes, et le bois de noyer pour les montures.

Du fer.

Le fer est un corps simple très-répandu ; on le retire du minerai, où il est mêlé à d'autres corps, par la fusion, dans les hauts-fourneaux, à une haute température.

Qualités du fer.

Les bons fers ont une cassure à grain fin sous un fort échantillon ; la texture est filamenteuse et plombée dans un petit échantillon. Une cassure à facettes blanches et brillantes dénote un fer cassant à froid. Le fer ne doit être cassant ni à froid ni à chaud; il doit pouvoir se souder facilement et ne pas devenir cassant après avoir été chauffé; il ne doit pas être *pailleux*, doit se tarauder sans se fendre et ne pas présenter de veines noires quand on le lime.

Corroyer le fer.

C'est l'améliorer en le soudant plusieurs fois sur lui-même. Les fers de première qualité n'ont pas besoin d'être *corroyés*.

Epreuves.

On forge les pièces auquelles il est destiné et on les brise après pour s'assurer de leur solidité. Ainsi l'on forge et l'on brise ensuite le fer de 40 canons d'épreuve pour recevoir le fer nécessaire à 12 ou 1500 canons.

De l'acier.

L'acier n'est que du fer combiné avec le carbone qui lui donne, par la trempe, les qualités de dureté et d'élasticité nécessaires à son emploi.

Acier naturel.

On le tirait de l'Allemagne; depuis 1818 on emploie l'acier indigène. L'acier naturel se soude facilement avec lui-même et avec le fer; il a plus de corps, est moins cassant et moins sujet à s'égrener que l'acier de *cémentation* et l'*acier fondu*. Il provient de l'affinage direct de la fonte; alors il manque d'homogénéité; c'est-à-dire que certaines parties se rapprochent du fer, tandis que d'autres contiennent un excès de carbone. On lui rend l'homogénéité en le pliant en deux, le soudant et le battant après, ce qui donne l'acier à *une marque*; cette opération répétée donne l'acier à *deux marques*; on s'arrête à l'acier à *trois marques*, parce que l'on arriverait à expulser tout le carbone, ce qui amènerait le manque de dureté.

Caractère de l'acier.

Par la trempe il acquiert la *dureté* et l'*élasticité*, se dépouille de la pellicule d'oxyde noir et devient blanc mat; la trempe se fait à la chaleur rouge cerise, après quoi on recuit au bleu.

Etoffes.

Barreaux de fer et d'acier soudés ensemble.

Damas.

Alliage formé de languettes ou fils très-minces de fer et d'acier, ou d'aciers assemblés parallèlement, ou tendus ou repliés, ou composé de morceaux rapportés en forme de mosaïque, suivant le dessin qu'on veut avoir, et soudés ensuite. On rend visibles les veines ou le dessin avec de l'acide nitrique étendu d'eau ou *eau forte*.

Cémentation.

Ou trempe au paquet; elle donne aux pièces la dureté de l'acier à l'extérieur, la ténacité et la solidité du fer à l'intérieur. Les pièces, limées et finies, sont placées par couches séparées par des lits de charbon pilé ou de suie. Ainsi, au fond d'une boîte cubique en tôle, on place un premier lit de suie, bien écrasée, d'une épaisseur de quelques millimètres. On y range les plus petites pièces d'abord, lesquelles sont séparées entre elles par le *cément* et ne touchent pas aux parois de la boîte. Viennent ensuite d'autres couches successives entre lesquelles on dispose de la même manière les pièces de plus en plus grosses. On lute le dessus de la boîte avec de l'argile pétrie (1) et on l'entoure d'un mur en briques. L'intervalle entre le mur et la boîte est rempli de charbon de bois que l'on allume par la partie supérieure. La durée du feu est de trois heures pour les petites pièces et de quatre heures pour les grosses.

Action.

Le charbon de la suie pénètre dans les pores du fer et convertit ce fer en acier; les trois ou quatre heures de feu donnent une épaisseur de cémentation d'un demi-millimètre. On trempe

(1) Si l'air pénétrait, l'oxigène de l'air ayant plus d'affinité avec le carbone qu'avec le fer, il y aurait dégagement d'acide carbonique et le carbone pénétrerait peu ou point dans le fer; c'est-à-dire que la cémentation serait manquée en tout ou en partie.

les pièces cémentées au rouge cerise et on les fait *revenir* au bleu.

Fabrication des canons.

Les lames de fer du poids de 5kil. 5 sont coupées en forme de trapèze et on les roule en tubes sur un mandrin, on ménage une *amorce* en biseau et l'on soude en deux ou plusieurs fois, en commençant du côté de la bouche. La masselotte en acier est soudée en dernier lieu. En sortant de la forge le poids du canon est d'environ 3kil. 4.

Canons tordus.

La torsion a lieu à l'étau, après le soudage.

Canons à rubans.

On roule en spirale, sur un tube en tôle, des lames d'étoffe de fer que l'on soude ensuite à diverses reprises.

Canons damassés.

Sont faits en étoffe de damas. Les canons tordus damassés sont les meilleurs. Ceux à rubans présentent trop de soudures. Dans ces diverses espèces de canons, faits pour armes de luxe, les fibres du fer sont placées dans le sens de la plus grande résistance.

Travail ultérieur.

Après la soudure, les canons des fusils d'infanterie sont alésés ou élargis à l'intérieur par le passage successif de vingt-deux forets, ayant une vitesse de 300 tours par 1'. Au début le canon n'a que de 6 à 10^{mm} de calibre et il faut arriver au calibre réglementaire. On fore par 12 canons à la fois. Après vient le *dressage* qui consiste en un martelage extérieur à petits coups pour arriver à ce que chaque plan perpendiculaire à l'axe détermine dans l'âme un cercle parfait. Après avoir martelé on passe trois fois la *mouche*, outil qui enlève très-peu de métal, arrondit et dresse. L'âme se trouve ainsi mise au calibre réglementaire.

Après le forage on tourne, sur le tour, l'extérieur du canon aux dimensions voulues. Le tonnerre est taraudé et l'on y ajuste la culasse. Le canal de la lumière est percé au foret dans la masselotte, enfin on ajuste et on brase le tenon ainsi que le guidon.

Les canons sont alors vérifiés et poinçonnés pour être soumis aux épreuves.

Epreuves.

Elles ont lieu sur un banc de charpente où le canon est fixé. On tire chaque canon deux fois avec des balles de 27 grammes ou au-dessus. La charge est de 27gr.5 de poudre de chasse fine; l'explosion est plus subite et éprouve mieux. Les épreuves subies, viennent le lavage et l'examen; les canons reconnus sans défauts sont poinçonnés de la lettre E (éprouvé), adoucis à la lime et à l'huile, dégraissés, terminés et placés dans une salle humide, pour que les *fissures*, s'il y en a, soient rendues apparentes par la rouille; après toutes ces opérations le canon, placé verticalement, est rayé de gauche à droite par un outil redescendant de haut en bas et tournant au pas de deux mètres. Poids du canon fini : 1kil.91.

Pièces de la platine.

Sont forgées au marteau, blanchies à la meule ou à la lime, assemblées, trempées et polies. — L'objet de la trempe est de les rendre plus résistantes et moins faciles à s'oxider.

En fer cémenté.

Le corps de platine, le chien, la bride de noix qui se recuit au bleu.

En acier:

La noix, la gachette, le ressort, la chaînette et toutes les vis de la platine. Elles sont trempées et recuites en les imbibant d'huile.

L'épreuve du ressort a lieu à l'étau, les deux branches doivent représenter les mêmes positions relatives après l'épreuve.

En 1833, d'après les expériences faites sur des platines prises au hasard, on constata sur l'ancienne platine que des ressorts cassés, au nombre de 5, avaient servi à tirer chacun plus de 7,000 coups.

Un forgeur de platines suffit pour quinze ouvriers platineurs.

Baïonnette.

La lame est en acier à deux marques, forgée et trempée; on la soude à la douille qui est en fer, forgée, creusée et élargie par des forets ou alésoirs. La baïonnette est finie à la meule et à la lime, puis trempée et polie.

Épreuves.

On fait plier la lame en dessus et en dessous de 27^{mm} de flèche par rapport à la douille, puis on frappe le coude sur la table de recette pour s'assurer que la soudure est bonne.

Baguette.

En acier à deux marques, forgée à l'estampe (pièce à demi-creuse), dégrossie à la lime, trempée et terminée à la meule. Le petit bout est recuit pour en permettre le taraudage.

Épreuve.

En faisant ployer, la courbe doit donner une flèche de 0m, 135. En laissant tomber la baguette, le son doit en être éclatant; l'épreuve du gros bout se fait au moyen d'un trou ménagé dans la table de recette.

Monture.

Bois essence de noyer, gris, demi-gris ou bruns; on rejette les blancs et ceux qui ont des taches jaunes, des piqûres de vers ou des nœuds vicieux, et ceux dont le fil est disposé trop transversalement à la poignée ou au fût.

Les bois doivent avoir *trois ans* d'emmagasinage s'ils ont été séchés par la méthode ordinaire, et *six mois* s'ils ont été séchés par la vapeur. Ce dernier mode est généralement préféré.

Les bois sont bien secs quand les copeaux sont cassants et que la sciure n'est pas humide.

Un monteur fournit un bois en douze heures.

Garnitures.

Celles en fer ne sont pas trempées, la détente

est en acier et est toujours trempée et recuite au bleu. Les ressorts sont trempés comme celui de la platine; depuis 1816, toutes les goupilles sont en acier.

NOTE A. Machine d'Atwood, pl. VIII, fig. 6. Deux poids égaux se font équilibre de chaque côté d'une poulie mobile; si l'on ajoute à l'un d'eux un très-petit poids P, soit à droite, ce petit poids entraînera les deux masses, dont l'une remontera à gauche. Les vitesses qu'une force imprime à différentes masses sont en raison inverse de ces masses, de sorte que le poids de droite tombera avec une vitesse plus petite que celle des corps qui tombent librement. — On met une règle graduée à droite, et on ajoute le poids P que l'on arrête en M à l'instant où le pendule a battu une oscillation, soit dans la première seconde. En arrêtant le poids P à la deuxième seconde, on trouve que l'espace parcouru est comme le carré de 2, puis comme le carré de 3 au bout de la troisième seconde, et ainsi de suite.

ANNEXES.

Hausse.

L'adaption d'une hausse mobile sur pivot aux fusils d'infanterie rayés sans tige pour remplacer les règles du *pouce* mènerait au maniement d'armes des sous-officiers dès lors unique pour toute l'arme.

La petite hausse fixe de 11^m, placée sur la culasse, y resterait parce qu'elle détermine le but en blanc naturel à bonne portée, 200 mètres dans la position de joue dès que l'homme abat vivement son arme sans plonger dans les feux d'ensemble.

La nouvelle hausse supplémentaire à adopter serait pour le fusil modèle 1842, masquée par le chien au bandé si elle était placée sur la culasse. Il faut pour cette arme qu'elle soit établie sur le canon, entre la cheminée et la capucine, et elle devra pouvoir se rabattre sur le canon pour ne point obstruer la ligne de mire fixe dite naturelle.

Accessoires.

M. Théreygeol, chef armurier, a produit deux accessoires importants. Le premier est une petite *brosse-écouvillon* nettoyant parfaitement les rayures, pouvant se visser au petit bout de la baguette et se porter dans la giberne. Le deuxième est un *monte-ressort* sans vis, un simple morceau d'acier recourbé qui emboite le ressort lorsque le chien est au bandé; on détache, avec le doigt, la chaînette de la grande branche et le ressort s'enlève. Le replacement et le remontage des pièces s'opère très-simplement ainsi que le replacement de la chaînette dans la griffe. Le monte-ressort de M. Théreygeol tient également dans la giberne.

Cartouches capsulées.

Plusieurs inventeurs ont présenté des cartouches portant leur capsule, en partant du principe de l'ancienne cartouche renfermant son amorce; dans le combat la rapidité du chargement doit être prise en considération comme devant mener à une supériorité de feux dans un moment donné.

La première cartouche capsulée est celle de M. Brunéel, portant la capsule alors sans rebords, au centre du sabot en bois. Une deuxième cartouche de MM. Le Clèreet Diapeyran, portait la capsule maintenue par une *ligature*. Une troisième, du capitaine d'artillerie de Massas, portait la capsule attachée par *un fil* passant dans un petit trou percé au feston du chapeau. Une quatrième, de M. Bessières, portait à la gorge de la cartouche une rondelle en liége percée d'un trou pour y loger la capsule. Une cinquième, de M. le colonel Pascal, de l'infanterie de marine, portait la capsule dans un pli de la cartouche, la capsule tenait très-peu. Une sixième, de M. le docteur Colin, consistait à percer dans le papier de la gorge un trou avec l'emporte-pièce ; la capsule était introduite avec un conducteur très-simple, dans l'intérieur du papier; la partie conique passait à travers le trou, tandis que le rebord du chapeau était retenu par le papier du côté opposé. Enfin, une septième cartouche capsulée, trouvée par le sergent Oyon, n'emploie, comme celle du docteur Colin, que le papier de la gorge dans lequel on perce deux trous avec un double emporte-pièce; la capsule est introduite jusqu'au deuxième trou, et le premier trou avec le papier du bord de la gorge vient se replier sur le cône de la capsule, laquelle reste adhérente quand même à la cartouche.

Toutes les cartouches capsulées avaient l'inconvénient d'obliger de recourir, après les *ratés*, à la capsule isolée difficile à saisir, surtout par le froid lorsqu'il donne *l'onglée*; le sergent Oyon y a remédié en fixant les capsules isolées *de réserve* à des *queues de papier* faciles à saisir, de telle sorte que, même dans la prévision des *ratés*, l'homme peut charger son arme *avec des gants*.

Un autre défaut capital était que le papier de la cartouche resté après la cheminée en amorçant obstruait le rayon visuel; mais ce défaut a disparu depuis que la hausse fixe a été élevée de 7 à 11 millimètres.

Canons rayés pour l'artillerie.

En 1843, M. Delvigne, *le père* de l'armement rayé, tentait des expériences sur les canons rayés, pour le compte du ministère de la marine. Depuis lors cette étude a été propagée en Europe, et les canons rayés ont donné de bons résultats, principalement en Suède et en Piémont.

Dans le tir des canons lisses les battements des boulets dans l'âme finissent par détériorer la pièce en bronze. Dans le tir des canons rayés ces battements n'ont plus lieu, la portée et la justesse deviennent plus grandes, outre qu'il y a diminution dans le poids de la charge.

Les canons suédois, russes et sardes ont généralement deux rayures; dans les canons suédois la projectile pénètre dans l'âme par des ailettes qui suivent les rayures ; effets identiques à ceux de la carabine anglaise dite à ceinture.

Les projectiles employés dans le tir des canons rayés ont une forme oblongue et sont entourés d'un *manchon-enveloppe*, lequel prend l'empreinte des rayures et donne au boulet lancé le mouvement de rotation.

Canon Amstrong.

Dit à mille rayures, récemment expérimenté et adopté pour la marine en Angleterre. Sur un tube en acier, on roule en spirale un ruban en fer que l'on soude, comme dans les canons de fusils à rubans; puis une deuxième spirale en sens contraire que l'on soude également, après quoi l'âme est dressée et ensuite rayée.

Le chargement a lieu par la partie supérieure de la culasse, au moyen d'une pièce en fer que l'on enlève par deux anses, et que l'on replace une fois la charge mise. Une vise qui est le bout de la culasse, serre la pièce en fer et une rondelle en cuivre qui sert d'obturateur, et s'applique contre la chambre où est la charge.

Pour un canon de 30, la pièce en fer à déplacer et replacer avant et après le chargement pèse 70 kilog. La charge de 5 kilog. donne une portée de 3,000 mètres et des écarts moyens estimés à $0^m,5$.

Ce travail a été fait en vue de satisfaire au programme ministériel du 6 décembre 1851, modifié par les cours faits annuellement et jusqu'à ce jour à l'école normale de tir de Vincennes.

Les ouvrages consultés en dehors des cours de l'école de tir sont : l'instruction sur l'artillerie de M. Thiroux; le dictionnaire du général Bardin; l'armement rayé de M. Gaugler de Gempen, auquel nous avons emprunté quelques figures; les notions élémentaires de M. Masquelez ; le manuel des armes à feu de M. Dub, officier autrichien, et l'instruction sur les appareils électro-balistiques de M. le capitaine Navez, de l'artillerie belge, dont nous avons été chargé de surveiller les épreuves et l'impression.

L'AUTEUR.

TABLE

DES MATIÈRES.

ERRATA.

	Pages.
Le choc du canon : *lisez* le choc du *chien*.	9
Ainsi que la chai : *lisez* la *chaînette*.	14
Une raté : *lisez un* raté	23
Angles a et a′ : *lisez* o et o′.	35
Les diverses parties : *lisez* les diverses *portées*	40
$\frac{D}{D^3 \times d}$: *lisez* : $\frac{D^2}{D^5 \times d}$	43
Répétiteur de : *lisez* inspecteur des études à.	45

ON TROUVE CHEZ LE MÊME ÉDITEUR :

Carte militaire et historique de la France, indiquant les grands commandements militaires, divisions, subdivisions ou départements; tous les établissements militaires; principaux phares, principaux lieux historiques, chemins de fer, routes et gîtes d'étapes, avec leurs distances kilométriques *exactes*, par Perrot et le capitaine Girard. Prix. . . 3 f. »»

Cours d'histoire, conforme au programme du 17 septembre 1853, continué jusqu'en 1858, par le capitaine Girard, du 100e de ligne, avec la carte militaire et historique de la France. Prix. . . . 7 50

Ballons hydrauliques, avec planche . . . . . . 3 »»

Machines à ballons hydrauliques, avec planche. . 3 »»

Essai sur la locomotion universelle par la pression atmosphérique, avec planche. Prix. . . . . 3 »»

Étude sur Tourane et la Cochinchine, avec deux cartes. Prix. . . . . 3 »»

ARGENTEUIL.— Imprimerie Worms et Cie.

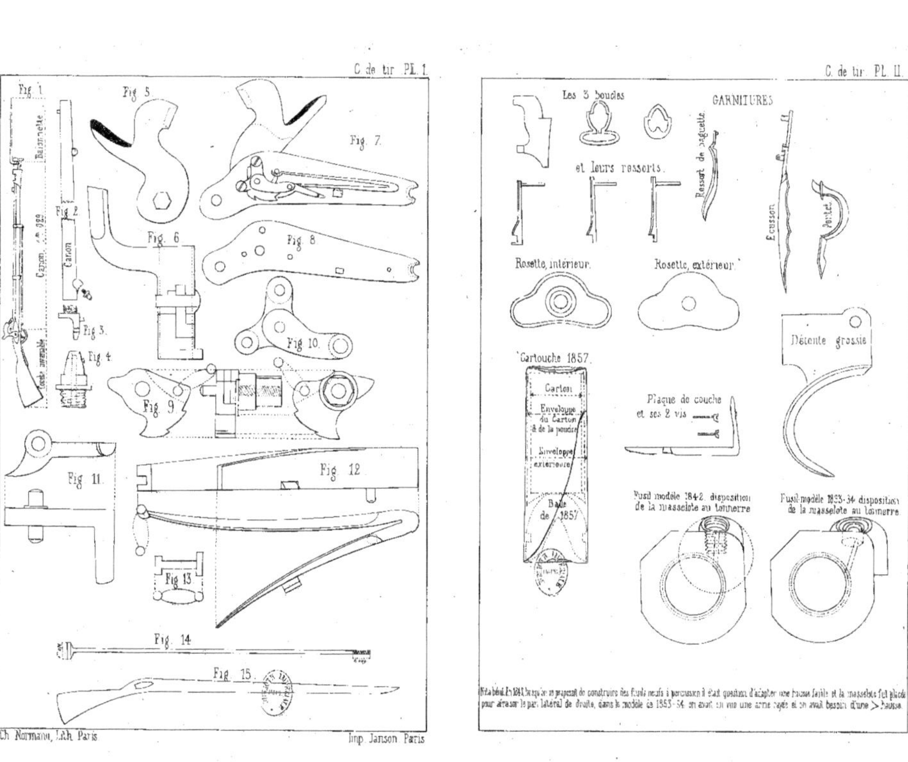

Nota bene. En 1842 lorsqu'on se proposait de construire des fusils neufs à percussion il était question d'adapter une hausse fixe et la masselote fut placée pour araser le pan latéral de droite, dans le modèle de 1853-54 on avait en vue une arme rayée et on avait besoin d'une > hausse.

Ch. Normand, Lith. Paris

Imp. Janson Paris

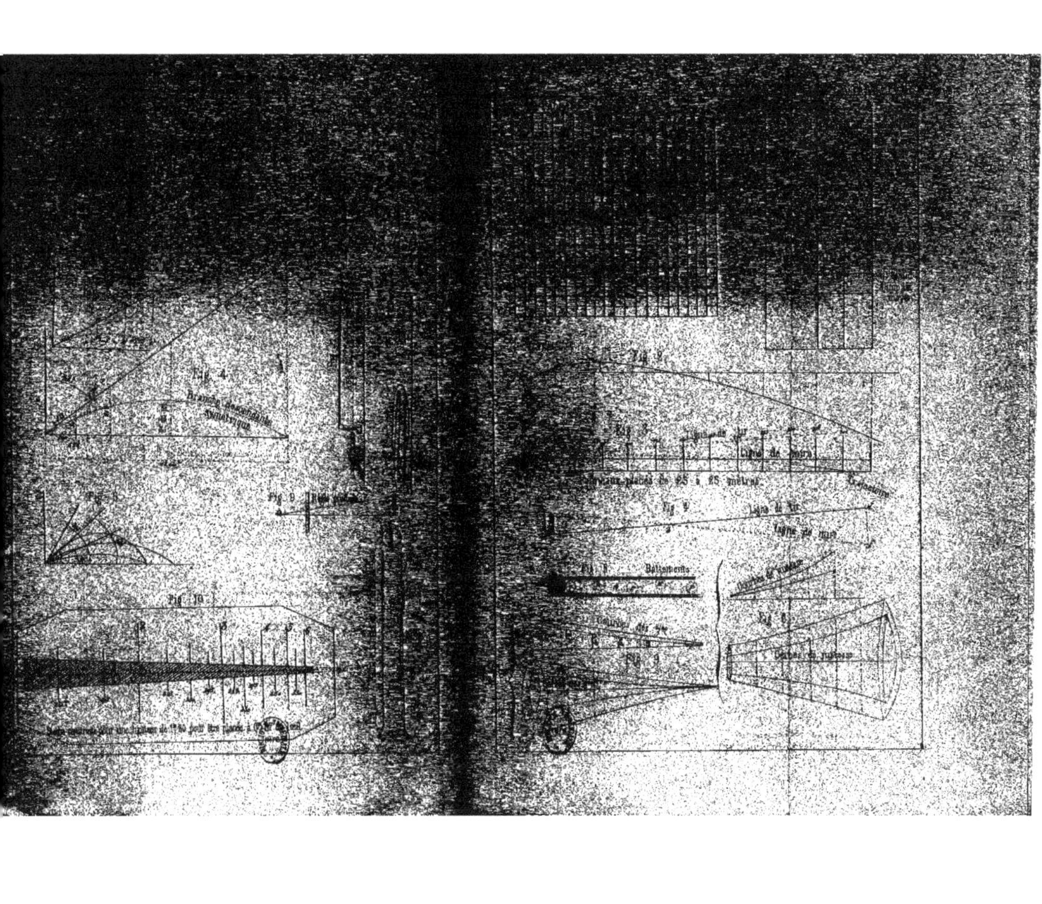

Fig. 4
Fig. 10
Fig. 3
Ligne de tir
Ligne de mire
Bâtiments
Gerbe de plateau

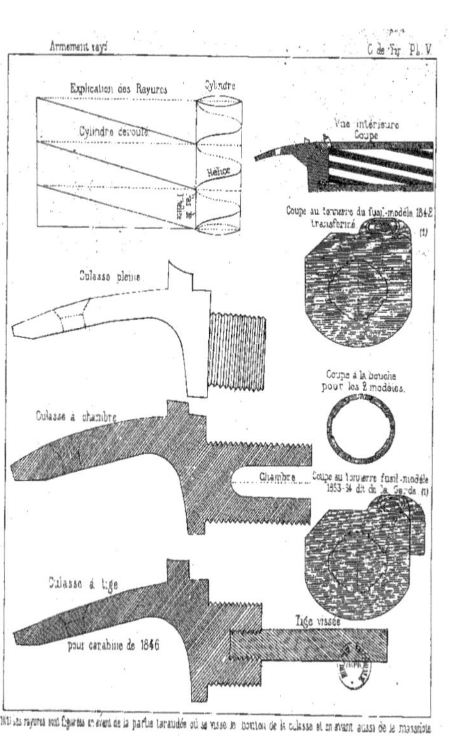

(1) Les rayures sont figurées en avant de la partie taraudée où se visse le bouton de la culasse et en avant aussi de la massinote

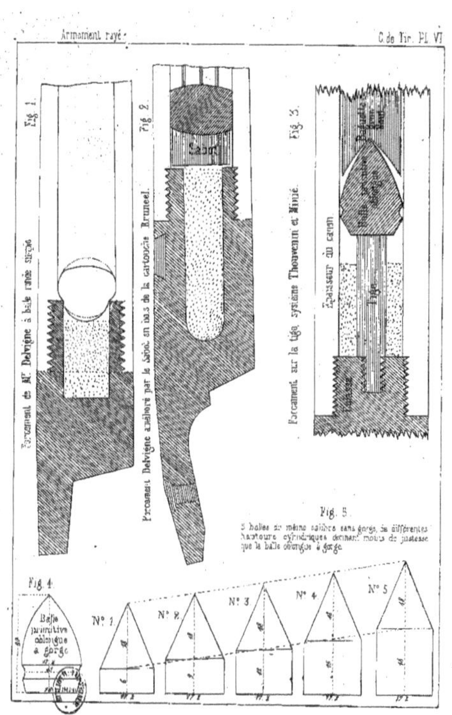

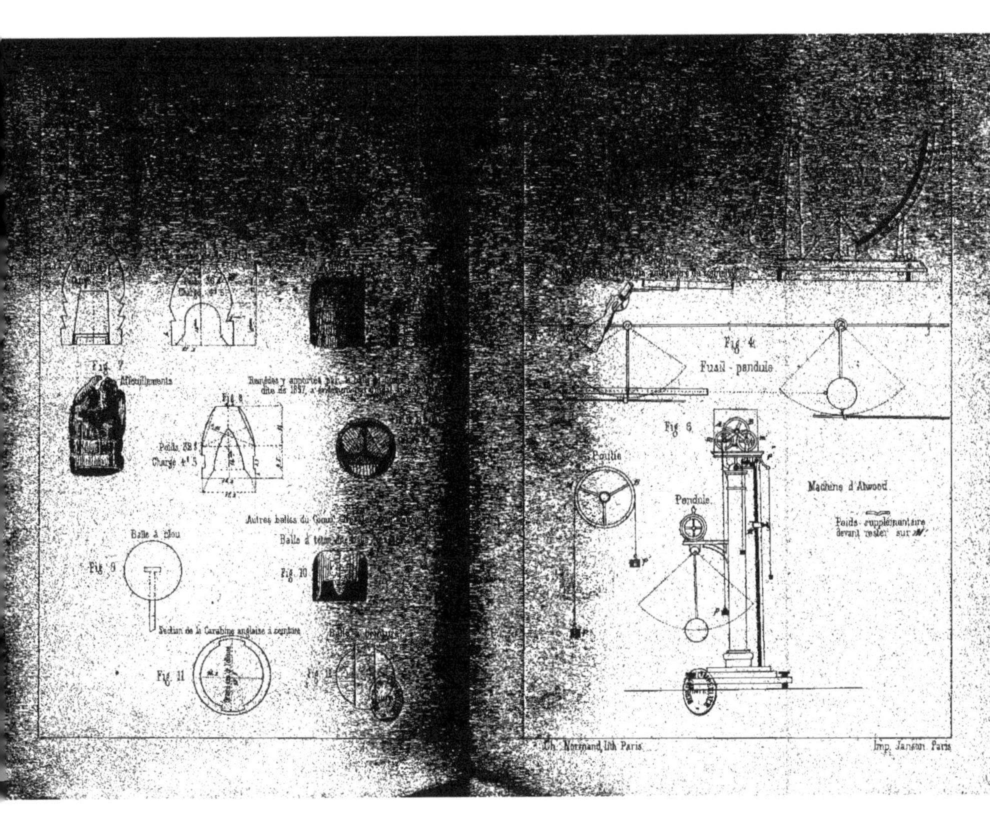
Fig. 7
Affouillements
Fig. 8
Poids 38 g
Charge 4 g 5
Autres balles du Comm.
Balle à clou
Fig. 9
Fig. 10
Section de la Carabine anglaise à ceinture
Fig. 11
Fig. 4.
Fusil - pendule
Fig. 6
Poulie
Pendule
Machine d'Atwood
Poids supplémentaire devant rester sur M
Ch. Normand, lith Paris
Imp. Janson Paris

Argenteuil. — Typ. Worms et Cie.